（宋）蘇轍 撰 傅增湘 校

傅增湘校本欒城集

第十册

國家圖書館出版社

第十册目録

卷四十五　中書舍人撰兩府請賀謝表狀十首

卷四十六　雜謝恩命表狀一十六首

卷四十七　代人上表二十三首

卷四十八　啓事二十二首

四論熙河邊事劄子
論吏額不便二事劄子
乞差官權戶部劄子
三論舉臺官劄子
論堂除太寬劄子
論前後處置夏國乖方劄子
論所言不行劄子
論渠陽蠻事劄子
乞令兩制共議納后禮劄子
再論渠陽邊事劄子

蘇文定公文 欒城集卷第四十四

宋眉山蘇轍子由著

明東吳王執禮子敬 顧天叙禮初 仝校

御史中丞論時事十首

四論熙河邊事劄子

臣論范育种誼等不可留在熙河章三上矣而朝廷不從臣亦言之不已不審　陛下亦嘗察其故否臣初論育措置邊事失當不合遷戶部侍郎　朝廷既追寢成命臣亦粗可以塞言責矣青知熙州誼知蘭州皆非今日之命臣雖不言於臣執事非有害也

而臣再三干瀆　聖聽誠有說也方今　太皇太后陛下聽政於帷幄之中　皇帝陛下育德於恭默之後欲以仁覆天下則有餘欲以武服四夷則不足利在安靖不利作爲而大臣欲聽育等狂謀以興邊事使夏人由此失和兵難不解當此之時欲相率持羽檄決計於簾前此臣所以寒心者一也元祐以來　朝廷懷柔夏人如恐不及地界之議將成而絶者屢矣頃者朝命許以二十里爲界彼既忻然聽從而熙河幸其聽從之間於四十里之外修築已廢舊寨奪其必爭膏腴之地板築未移戎馬卽至而二城不守矣今若不問枉直所在興忿恚之師爲必取之計則關陝兵禍漸

不可知若自知不直雖不復爭而留育等守之一則夏國懷疑終不信向二則育等猖憤恥功不遂妄造事端以益前失患終不弭況復育等既結阿里骨之怨二隙交構勢尤可虞此臣所以寒心者二也非此二事憂患迫切育等瑣瑣臣肯屢以為言哉然臣所言於育等三人亦止是各移降差遣及育作待制差緩數年而已於其私計無多損也臣愚以謂方論國事宜且先公後私以全大計不勝區區孤忠憂國再三干瀆 天聽甘俟斧鉞取 進止

論吏額不便二事劄子

臣頃於門下中書後省詳定吏額文字已具進呈後來都省吏額

房別加攺定施行其間二事最爲不便人情不悅是致六曹寺監吏人前後經御史臺論訴者不一本臺亦曾爲申請終未見果決行下臣旣昔手綜其事今又目覩所訴理難黙已謹具條列如後

一自官制以來六曹寺監吏額槩經增添人濫於事實爲深弊臣旣詳定旣依先降指揮取逐司已行兩月生事分定七等因其分釐以立人數然是時逐司之吏僅三千人皆懼見沙汰不肯供具臣遂禀白三省執政言事干衆人旣懷疑懼文字必難取索雖或以　朝廷威勢逼令盡供及至裁損必致紛競於體不便不若且據事實立成定額俟將來吏人年滿

轉出或死亡事故更不補填及額而止如此施行不過十年
自當消盡雖稍似稽緩然見在吏人知非身患必自安心極
爲穩便當時執政率皆許諾遂於元祐二年十一月內具狀
申尚書省其畧曰今來參定吏額本欲稱事立額量力制祿
唯務人人效實事務相稱即非苟要裁損人額及減廪祿縱
人額實有可損亦俟他日見闕不補即非便於法行之日徑
有減罷若非　朝廷特降指揮曉諭本意終恐人情不以爲
信致供報不實虛陷罪名尋准當月九日尚書省劄子奉
聖旨依所申臣等遂備坐出牓曉示逐司自此數月之間文

字齊足方得裁損成書卻被吏額房違廢上件　聖旨指揮

并所減人數使行裁撥失此信令人情洶洶又緣此任永壽

等得騁其私意近下人吏𢙣爲上名所壓者節爲撥上名於

他司侍郎左選下爲名欒毅在吏額房故爲撥上名孔仲卿等於考功之類是也閑慢司分欲遷

入要局者節自寺監撥入省曹於大理寺撥任永壽親情信中立等十人入考功之類是

也任情紛亂弊倖百出由此舊人多被排斥以至失所凡所

訴說前狀已具開陳下則衆口怨謗感傷和氣上則　朝廷

失此大信今後雖有號令誰復聽從臣今欲乞只依前件

聖旨將所損人額直候他日見闕不補見在人數且依舊安

存況尚書左選撥到兵部手分近巳准都省指揮發遣歸元
來去處伏乞檢會此例一體施行
一六曹寺監吏人多係官制以前諸司名額其請受多少及遷
轉出職遲速高下各各不同及官制後來分隸逐司一司之
中兼有舊日諸司之吏臣詳定之日與衆官商量以謂若將
舊日諸司之吏納入今日逐司名額則其請受遷轉出職參
差不齊理難均一蓋將逐司數種體例併爲一法其勢非薄
即厚非下即高若不虧官必至虧私虧官則默而不言虧私
則不免爭訴俱爲不便況今舊司吏人並權新額請受許從

多給遷補出職皆依舊司並有見行條貫若且依此法可以不勞而定及吏額房創意改更務欲一例從新以顯勞效遂除見理舊司遷轉已補最上一等名目見理年選更無遷轉職名之人即聽依舊條出職若就選試補塡闕者令候降到新法施行所有依舊司遷補出職指揮更不行用切緣舊諸司吏人根源各別立法不同不可槩以一法新法雖工止於一法而已以待新法吏人則可以待舊法吏人則不幸者必衆求其無訟不可得矣見今刑部田舜賢等經臺理訴勢必難抑欲乞止依後省所用舊條庶幾便可止絶

右臣聞孔子論爲政之本欲去兵去食而存信曰自古皆有死民無信不立今初議吏額羣吏疑懼　陛下與二三大臣既令臣等明出牓示告以將來雖有所損直候見闕不補　聖旨明白人謂信然競出所掌文案輸之有司臣等賴之以立條例曾未逾歲書入他司凡有所損節行裁撥棄置大信略無顧惜此正　先聖之所禁也兼前件二事如後省所定皆人情所便極爲易行如吏額房所定皆人情所不便極爲難守今棄易即難以招詞訴又政事之大失也伏乞　聖慈速命有司改從其易以安羣吏之志取

進止

乞差官權戶部劄子

臣伏以戶部財賦出入之地，天下之劇曹，而民之司命也。一日不治，百日將亂。今權尚書梁燾方辭免不出，而兩侍郎皆新除未到，獨一韓宗道以刑部兼權，則是平日四人職事併在一人。況刑部事繁，宗道之入戶部止及半日而已。本部官吏自來日出視事，幾至日沒而罷。今既無所統領，郎官多相隨早出，及議論不一，凡事無所取決，以致文移壅滯，因禁稽留。臣愚以謂方正官未到之間，當更差一二人，時暫權攝。今學士給舍共有六人，職事稀簡，宜擇詳熟吏事者，俾權其職，庶幾財賦重事不至曠廢。取進止。

三論舉臺官劄子

臣近准勑與孫升同舉監察御史二人尋准尚書省劄子以一員不曾實歷通判令別舉官聞奏臣檢會元祐三年六月八日 聖旨左右司諫左右正言殿中侍御史監察御史並用升朝官通判資敘實歷一年以上人舉官 准此臣竊觀上條本為 朝廷除授而設後來 朝廷升除諫官如吳安詩劉唐老司馬康三人皆未曾實歷遂再奏乞比附施行尋又蒙尚書省劄子令依條別舉臣退復思念豈以除諫官皆出 聖意故得不依條法舉臺官出於有司故不得援例耶竊惟前件三人惟司馬康故相光之子光被

眷任最深康亦素有清譽或爲　二聖所知至於吳安詩劉唐老此三人者何緣得被　聖眷若非大臣進擬或密有薦導　陛下何緣知之竊謂本臺所舉亦合依例施行況　朝廷前後所用百官亦多不應格豈固違法蓋不得已也若獨於臺官固執近法中外必以爲疑伏乞檢會前奏早賜施行取　進止

論堂除太寬劄子

臣頃權吏部尚書竊見京朝官以上皆使一年以上闕大小使臣及選人皆使二年以上闕雖闕少員多事不得已而待闕之人已不免咨怨近者復見堂除人亦有待闕及一年以上者人情驚駭

昔所未見蓋祖宗朝堂除舊例皆見闕然後差除因事然後超擢所除既有限量故用闕不至久遠近歲監司以上員數至多而猥更擢人以至衍溢所擢未必勝舊徒使監司闕額不足以應副來者而已至於知州以下舊人未减新人日增蓋由干謁成風除授無法雖稱以才擢用其實未免緣故至於待闕久近所任閑劇衆口譏評皆爲之說只如開封司録舊用歷知州人頃自郭晙之後未及三年而迭用陳該張淳陳元直三人率皆資望輕淺政績未聞已見新故相代輕用堂除於此可見及諸丞寺例亦如此臣欲乞今後謹守祖宗故事凡堂除皆族有闕方差且將見今堂除人

朝廷前後指揮方夏人猖狂寇鈔未已則務行姑息恐失其心及
默而不言竊恐 聖明尚有未矚再三煩瀆罪合萬死臣竊覩
蒙施行然臣前所論止言見今措置之非未及已往根本之失若
臣前後四次論熙河處置邊事乖方乞移范育种誼差遣至今未

論前後處置夏國乖方劄子

選稍異亦旌勸之義也取 進止
闕稍多然後量闕選才理無不可庶使堂除官吏不復待闕與四
須員闕相當未聞無闕添人謂之擇才適用者也如此數歲若見
輪選充補其新擢用者皆須功勞顯著然後得差蓋用人之法要

夏人恭順朝貢以時則多方徼求苟欲自利以此凡所與奪多失其宜何者元祐三年　朝廷遣使往賜策命而夏人公然桀傲不遣謝使再遣兵馬蹂踐涇原　朝廷方務遵養不復誅討於四年始復遣使奏乞以所賜四寨易塞門蘭州　朝廷雖不聽其所乞然即為改易前詔不候分畫地界先以歲賜予之仍令穆衍以三省密院意旨開喻來使及言所納永樂陷沒人口既經隔歲月或與元數不同並許據數交割及所立界至雖有自來遠近體例或山斜不等不許邊臣固執爭占凡此三事皆夏人奏請之所不及而　朝廷迎以與之者也及鄜延路乞依夏人所請用綏州舊例

以二十里爲界十里之間量築堡鋪十里之外並爲荒閑近黃河
者仍以河爲界　朝廷一一聽之臣竊見　先朝分畫綏州之日
界至遠近責令帥臣相度保明往反審實乃從其說今所畫界首
起鄜延經涉環慶涇原熙河四路　朝廷更不委逐路審覆即以
延安一路所見便利指喻夏人號令一布無由復反至今夏人執
以爲據此則臣所謂　朝廷方夏人猖狂寇鈔未已則務行姑息
恐失其心者也至於熙蘭所請欲以蘭州黃河之北二十里爲界
臣竊謂過河守把勢已艱難侵占蕃地理尤不可仰料　朝旨必
不敢依唯所言定西通西通渭等城外弓箭手耕種地遠者七八

十里近者三四十里不可以二十里為界邊臣雖為此說然議者
或謂蘭州舊遣弓箭手耕種此地輒為夏人所殺若言已有耕者
則弓箭手必有名籍所得租課歲入幾何二說相違理難遥度要
須以此先與夏人商議各從逐路之便不可以二十里一槩許之
朝廷既失先事籌畫及號令已行乃欲追悔先後皆失遂生厲
階而熙河帥臣與其將佐乃敢不候　朝旨於元請之外修勝如
質孤二寨二寨既於元豐五年廢罷具載九域圖志見今無使臣
兵馬住坐而妄謂夏人舊係守把　朝廷從而助之以九域圖志
為差誤以吏部見差管句二寨弓箭手道路巡檢使臣為守把臣

謂苟以此誑惑中朝士人可耳若欲以此塞夏人之口而伏其心
恐未可也此則臣所謂　朝廷方夏人恭順朝貢以時則多方徼
求苟欲自利者也然臣竊妄料　朝廷之意勝如質孤二寨必難
議再修定西通西通渭三寨二十里以上界至亦無以取必於夏
國蓋　朝廷歲賜大利既於無事之時望以與人及此緩急無以
爲重所謂差之毫釐謬以千里者也然則地界之事要必相持不
決過有朝貢使介復來秋冬之交賊馬肥健時出寇畧受侮夷狄
何時已耶如臣愚見欲乞檢會前奏移降省諭置之他路別擇名
將謹守大信且修邊備本路疆界之議實非見今守把者可推以

與之以信前約其他則令推公心具長久計條例聞奏然後　朝
廷擇而行之則熙河尚可得而安也今臣觀　朝廷初無定議方
熙河邊釁之作也急召帥臣寘之戶部及臣言賞罰失當則急復
遣青還帥熙河至如种朴本與青誼共造邊隙今乃移朴涇原獨
留青誼若以召青為是則今遣之為非矣若以移朴為當則獨留
青誼為失矣政令如此終妄適從徒遣孫路穆衍之流往彼相度
朝廷大計豈可取決衍等之口萬一敗事雖戮衍等何補於國
臣前上言唐李德裕議討劉稹同列有異議者德裕請曰有如不
利臣請以死塞責今中外皆謂守信固盟中國之利若大臣有欲

專任青等不顧邊患者臣願　陛下以德裕之請要之若能如此即用其計事定之後案行賞罰今臣言已竭勢不能回不審　陛下嘗以臣前說要之否邊事至重安危未可知唯　陛下留神而已臣以孤忠誤蒙拔擢不敢不盡所懷以辜任使然觸犯者衆死有餘責取　進止

論所言不行劄子

臣七月二十四日今月八日兩次面奏熙河路范育种誼等違背大信貪功生事以速邊患乞移降他路更選帥臣俾之鎮守臣方奏對間蒙　太皇太后再三宣諭以臣言爲是然至今多月但見

种朴一人移涇原路句當公事至於育諠並未見移動臣竊伏思念人臣言事不患聖意不回患在聖意已回而大臣固執事輙中止何者聖意不回惟當再三開陳期於必悟若聖意已回而大臣不可事不得行則是君權已移上下倒置雖欲納忠何益於事此臣所以晝夜憂懼欲言而復止者也昔齊桓公游於郭問郭公之所以亡其父老對曰以善善而惡惡桓公曰善善而惡惡此賢君也而何故亡父老曰善善而不能用惡惡而不能去此其所以亡也今陛下以臣言爲是而不用以大臣爲非而必聽臣竊惑之且陛下雖處帷幄之中實攬人主之事今依違退託專

聽大臣事有未安誰受其弊故臣以爲居其位而不任其事任其事而不斷其是非者古今未嘗有也臣以非才誤蒙擢用盡忠獻言上悖大臣下悖邊吏其所以再三論列不爲身計者誠以爲外可以利民而內可以報國故也今所言不從空結怨怒無補於國臣雖狂愚何苦而爲此哉臣恐忠臣自此結舌不敢復以至言聞於 陛下矣去年之冬 陛下知回河之失深詔大臣罷東流之役天語惻怛中外具聞而大臣奉行不得其半雖罷回河之名仍存減水之實鋸牙馬頭率皆如故意幸漲水之至河或可回然今日觀之終復何益是以衆議皆謂 陛下聖明察物照見千里之

外而號令不行未見成效是時臣奉使契丹還奏其事此章具在
可慮觀也今熙河邊事大畧類此若使 聖意又爲大臣所沮則
君權愈奪臣勢愈張養之不已後將益甚及其事極難忍而後制
之則傷君臣之恩矣 朝廷之體不若今制其漸使事無所失而
臣亦獲安之爲善也臣不勝區區爲國遠慮觸冒忌諱甘俟斧鉞

取 進止

論渠陽蠻事劄子

臣竊見 朝廷近差唐義問處置渠陽蠻夷人事議者以爲義問
文吏無他才能不習邊事去年受命驟陵渠陽軍爲夷人所圍纔困

危蹙計無所出時知沅州胡田在園中爲設詭計詐欺諸夷言義
問當爲奏復軍額及乞爲酋長改官夷人信之聚廳事前監令發
奏義問假此僅得脫歸尋遣急遞追還前奏言既不驗諸夷具知
其詐後來每每作過義問指揮沿邊不得申報今來　朝廷復以
邊事專委義問深慮無益有損是時臣以未知義問爲人既見
朝廷再加選用疑亦可使令訪聞邊奏皆至義問所遣東南第七
將王安入界陣亡其所陷没將校非一臣方知衆議果信不妄兼
訪聞得見今作過楊晟臺等手下兵丁雖止五六千人然種族蟠
踞溪洞衆極不少晟臺桀黠屢經背叛慣得姦便加以山溪重複

道路嶮絶漢兵雖有精甲利械勢無所施若措置得所本無能爲
或經畫乖方實亦未易撲滅義問前來舉動已爲夷虜所輕今復
經敗衄實難倚仗蓋古今命將必因已試之效內爲兵民所信外
爲蠻夷所畏威名已著故功效可期今警急屢聞死傷已甚謂宜
別加選任以遏寇攘臣竊見知潭州謝麟屢經蠻事頗有勤績溪
洞之間伏其智勇衆議皆謂欲制羣蠻未見有如麟者伏乞指揮
密院檢會麟前後履歷功狀如衆言不虛乞賜委用庶幾蠻寇可
速平定臣區區憂國輒採公議以補萬一取　進止

貼黃湖北渠陽與湖南蔣竹本羈縻徽誠州也訪聞昔雖置爲

州縣然與沅州等處事體不同蓋沅州等處昔皆用兵誅鋤首領或徙置內地蕩平巢穴故所置州縣久遠得安今渠陽蒔竹雖名州縣而夷人住坐一皆如故城池之外即非吾土道路所由並係夷界平時軍食吏廩空竭兩路今欲舉而棄之實中國之利也然其兵民屯聚商賈出入金錢鹽幣貿易不絕夷人由此致富一朝廢罷此利都失此其所以盡死爭占而不已者也自來廢罷堡寨全護兵民捍禦追襲其事非易況今夷人阻截道路兵未得進若不得良將處置實恐為患不淺又其種族遍據諸洞跨涉湖南北廣西三路凡有措置當使三路同之只如

渠陽蒔竹唇齒相依若渠陽先廢羣夷併力以攻蒔竹勢難獨存今朝廷獨使湖北處置疑其事有未盡今若別遣官經制宜令通管三路邊事所貴諸處利害不至牴牾

乞令兩制共議納后禮劄子

臣伏見今月五日詔書節文以　皇帝徇虛中壼令太常禮官參考古今典故著爲成式臣謹按通禮納皇后最爲嘉禮之重自天聖以來逮今六十餘年在朝臣僚及太常官吏無復親經其事者兹禮至大宜加重慎竊見近歲議　太皇太后皇太后皇太妃寶冊冠服儀衛等事皆令翰林學士兩省給舍與禮官同議今來

皇帝昏禮所以承　宗廟奉　兩宮子四海其事甚重伏乞仍令翰林學士以下共加詳議蓋慎始所以敬終而正家所以齊天下不可忽也取　進止

再論渠陽邊事劄子

臣前月二十四日面進劄子以唐義問處置渠陽蠻事前後乖方致東南第七將王安入界陣亡恐邊患滋長乞速選差諳知用兵之人往代其任又聞義問兵敗之後乞奏棄捐城寨與夷人講和其爲暗弱謬妄取笑夷虜如此然其事已著伏計　朝廷必不復用然外人竊見召還彭孫妄意　朝廷欲付湖北邊事兼孫亦以

此自任羣議洶洶皆所不曉謹按孫劫竊之餘賊性不改前後委任欺罔貪盜靡所不爲今若付以兵柄深恐塗炭湖北州縣所能禁止蓋蠻人背叛不過侵擾邊城若使彭孫作過腹心郡縣並遭其毒前者誤用義問止於敗事今者若用彭孫凶嶮多端事有不可知者以臣愚見雖知　朝廷必不肯輕用此人然衆所共憂不敢默已若待既用而後獻言實恐於事有損伏乞　聖慈檢會臣前奏早賜施行取　進止

貼黄臣竊以邊臣處事乖方軍民性命所系差之頃刻所害不小今義問謬妄有迹敗衄已見而　朝廷重難易置久而不决

邊民何辜坐受塗炭若非　聖慈憫惻早興指揮臣恐湖北之憂未可涯也

蘇文定公文集卷第四十四

欒城集卷之四十二終

欒城集卷之四十三

宋眉山蘇轍子由著

明東吳王執禮子敬
顧天叙禮初仝校

御史中丞論時事八首

論衙前及諸役人不便劄子

臣近奏乞修完弊政以塞異同之議其一謂諸州衙前臣請先論今昔差雇衙前利害之實葢定差鄉戸人有家業欺詐逃亡之弊比之雇募浮浪其勢必少此則差衙前之利也然而每差鄉戸必有避免糾決比至差定州縣曹例乞取不貲及被差使先入重難

若使雇募慣熟之人費用一分則鄉差生疎之人非二三分不了

由此破蕩家產嘉祐以前衙前之苦民極畏之此則差衙前之害也若雇募情願自非慣熟必不肯投州縣吏人知其熟事乞取自少及至勾當動知空便費亦有常雖經重難自無破産之患此則雇衙前之利也然浮浪之人家業單薄侵盜之弊必甚於鄉差熙寧以來多患於此此則雇衙前之弊也然則差衙前之弊害在私家而雇衙前之弊害在官府若差法必行則私家之害無法可救若雇法必用則官府之弊有法可止何者嘉祐以前長名衙前除差三大戶外許免其餘色役今若許雇募衙前依昔日長名免役

之法則上等人戶誰不願投諸州衙前例得實戶則所謂官府之害坐而自除臣竊謂雖三代聖人其法不能無弊是以易貢爲助易助爲徹要以因時施宜無害於民而已今差法行於　祖宗雇法行於　先帝取其便於民者而用之此三代變法之比也謹具條列如後

元祐三年五月二十八日勑諸路衙前規繩令逐州當職官員體究利害委是難以招募處即以舊支雇食錢參酌量添入合銷重難分數勾集衆參定優重之實申轉運司審察施行訖保明申戶部點檢

元祐三年六月三日勑應投明衙前並依舊與免本戶色役

元祐三年六月三日勑諸處鄉戶衙前役滿未有人抵替者並且依見行招募法雇支工食酬錢如願募招者聽仍依條與免本戶身役不願招募者速招人抵替十月一日勑除去役滿二字

元祐三年閏十二月十九日勑諸路監司勘會衙前有招募未足去處躬親與當職官員同共體究利害如委有妨害事節及優重未均或合以舊支雇食錢添入重難分數並依五月二十八日勑命指揮勾集衙衆參定一面施行訖修入衙規仍分明曉諭限半年招募人投名替放鄉差人戶了當如限

滿倘有不足去處即具的實事由申戸部看詳施行

元祐四年八月十八日勑諸州衙前投明不足去處見役年滿鄉差衙前並行替放且依舊條差役更不支錢如願投充長名及向去招募到人其雇食支酬錢即全行改給鄉罷差充其投募長名之人並與免本戸役錢二十貫文如所納數少不係出納役錢之人即許計會六色合納役錢之人依數免放

臣看詳元祐三年閏十二月以前所定衙前條貫頗已完備亦近入情只縁諸州召募未足見在鄉差衙前不得替罷議者

特以爲言卽議改更卻行差法臣嘗畧聞建議大意止謂雇人不足亘由人戶欲要高價不肯投募以俟添錢故令投募者並得雇食支酬等錢而被差者一錢不得爲此誘脅之術欲使招雇得行然不知州縣官吏利在差人向者法不得差故勉行雇法今旣立差法差人旣足雖有雇法其勢必不行矣臣以爲將錢雇人正如出錢買物錢物相當理無不得縱使一人欲要善價餘人孰肯坐而待之哉彼誘脅之術蓋商賈小數不足爲　朝廷大法也今者已行此法其事可驗大抵欲雇之心無由復得而已差之勢遂不可回加以責坊場

錢自此有人無出差人既依嘉祐而支酬不復其故萬口怨
咨皆言　朝廷直取此錢欲作他用本求利民之譽更得謗
下之謗此最立法之病也而況長名衙前若免戶役之費動
累百千今毋歲止坐二十千彼亦何賴於此乎況非見納役
錢人戶又須取之他人收索之間必不便得訴訟之端由此
必生凡此皆非所以便民也臣今欲乞應招募衙前並依上
件元祐三年閏十二月以前條貫其元祐四年八月十八日
勑更不施行其招雇未足州郡所差鄉戶且令依舊招募候
招募到從下戶先入役者皆放與折當合入役次仍令諸州

重所定衙規比元豐年雇食支酬錢數別無增添者監司不得曲加問難蓋元豐以前屢經裁損纔有些小優潤數亦不多所貴民間易爲應募仍限指揮到日限半年依前指揮保明申戶部

貼黄戶部近乞衙前依舊鄉差比雇役衙前支五分雇食支酬錢臣謂官自有坊場錢可以支雇必不以减半爲利而民間不免差役之害不若以錢雇人仍免戶役可得實戶之爲利也

元祐四年五月十一日勑諸路收到助役錢只許支充應係補

助役人費用不得别將支用候歲終除支外尙有寛剩錢數

令封樁戸房置簿候諸路逐年申到數目揭帖仍令戸部指

揮諸路提刑司依封樁錢物法條式施行歲終具帳限次年

春季申戸部繳申尙書省

元祐四年六月九日勑坊場錢並依上件助役錢已得指揮令

封樁戸房一就置簿揭貼

臣看詳諸路坊場嘉祐以前並以支酬長名衙前熙寧以後並

出賣得錢爲雇役衙前雇食支酬之費未有以供他用者也

至於人戸所出役錢本以補助戸少役多縣分雇募役人亦

非國家經費所入之數今自　二聖臨御改更宿弊大抵皆
是捐利以予民而獨於衙前坊場及人戶助役支用之餘收
拾封樁以充　朝廷緩急之用民愚無知但見損下益上非
巳之利必致怨謗況所雇衙前錢數一定無復減損而坊場
敗折所入淨利有減無增人戶色役頻煩日益不易若亟收
羨數不以及民必失民望臣觀此法止是官吏以聚斂爲功
欲因增羨覬幸酬賞而已非　二聖仁民愛物之意也臣今
欲乞一皆仍舊只以准備補助役人若欲歲知其數宜令提
刑司申上戶部右曹置籍揭貼勿申都省充封樁錢數以解

天下之惑且使衙前役人兩得足用

其二謂諸州縣役人臣前已具論差雇役人利害以謂差役之利利在上等下等人戶而雇役之利利在中等旣利害相半則兼行差雇爲利實多然則　祖宗舊法與　先帝近制要爲皆有所去取唯當問人情之所便更不當以新舊彼我爲意有所偏系也臣觀前後役法皆由臣僚意有所執或自前曾經議論欲遂成其說或見今觀望上下有所希合致令所立之法不得通濟謹具條列如後

元祐三年十二月二十四日勑官戶等助役錢逐州除依條支

用外以實數十分量留一分准備其餘錢勘會管下諸縣合

役空閑戶不及三番處將州手分散從官承符人招募抵替

鄉差人戶

元祐三年五月十五日勅役錢除合招募役人支使外有寬剩

錢數許一路通那支用

元祐四年八月十八日勅諸州役除吏人衙前外其餘應係合

差州役人年滿本州於替期前行下合干縣分差充本縣先

於本等内揭簿定差如無空閑及三年戶即於次等差及無

空閑及三年戶本縣方具目今未有可充役人戶保明申州

支錢雇募

臣看詳三番之法似疎而易行三年之法似密而難用何者人戶物力厚薄等第高下丁口進減及充役年限久近率皆不齊而槩言三番此所謂似疎也然而逐等合役人數若干可役人戶若干揭簿可指自非造簿别無增減逐縣先供番數在州遇州役有闕當差當雇不待下縣州自可見人戶晏然不知而胥吏無以寅緣此所謂易行也州役有闕每須下縣覈實無空閑三年人戶然後得雇此所謂似密也然每有一闕縣吏得以起動人戶雖空閑未及三年非賄不免雖已及

三年得賂或止加以三番之法本約六年以來今無故輒減其半民情不悅此所謂難行也臣今欲乞復行三番舊法仍約定每番止於二年及令人戶逐等各計番數（不將本等不足即差次等之法蓋所以優狹鄉也）使寬鄉雖閑得六年以上而法不禁狹鄉雖閑止三年以下而民不怨則善矣又臣以爲助役錢本出於民除留准備一分外當盡用雇役以助民力盡取之於民而還以爲民民情乃悅今此法許以雇州役而不及縣役若役錢不足則已若役錢有餘而止雇州役非通法也臣竊見梓州路轉運副使呂陶奏　朝廷立法既令空閑戶不及三番處

並雇州役則是欲減合差之役令人戸空閑須及三番今除

已雇州役外尚有空閑不及一番兩番三番處即差役年辰

愈近民力愈不易理合將助役錢爲雇縣役令人戸空閑及

得三番則法意均一民力寬紓本路年收助役錢四萬四千

四十貫有零除當留一分及雇募州役外尚餘寬剩錢三萬

一千一百一十貫有零今若更將一萬二千五百五十貫有

零雇上件不及三番以下縣役尚有寬剩一萬八千五百六

十貫有零委是不致妨闕又知陝州呂大忠奏陝州所統七

縣除夏縣外大槩戸少役多且以平陸一縣言之毋揭簿定

差本等不足須及次等又不足則遞遷償那遂至下等縣役

既無指定空閑年月之文役滿遇闕便即再差則上戶無有

休息若稍寬上戶則下戶反應重役臣自到任以來訪聞役

法未便士莫不竊議於其家農莫不竊議於其野人人共知

而州縣觀望惟務遷就庶幾推行而終有室礙乞下有司早

議成法臣詳觀大忠之言雖不陳措置之方大約與呂陶之

意不異訪聞諸路事體大畧亦與二人所言不殊臣欲乞諸

路役錢除通那支雇不及三番處州役外仍許通那支雇不

及一番以上縣役令人戶皆及三番而止其錢少路分則隨

錢所及而止臣嘗謂畿內天下根本其民與外道均出助役
錢止以雇法止於州役遂使畿內人戶出錢而不得雇役反
不及諸路之優今若通雇縣役則畿內之民與諸道均被其
賜此又均一之一端也
貼黃戶部見立法諸州助役錢留一分準備外盡數支雇州
役此法比舊雖已甚寬然臣謂不限不及三番然後許雇即
寬鄉愈寬而狹鄉自狹未若限以不及三番遍雇州縣役之
爲均也
元祐差役勑人戶差役除耆長戶長壯丁須正身充役其餘公

人如願雇人充代者並許任便選雇經官陳狀委保替名祗

應其雇直錢物聽私下商量

臣看詳元豐以前官雇役人皆有定下錢數不至過多今既行差役法仍許所差之人不顧身充亦得雇募蓋所以從民之便也然私下雇人爲弊不一或官吏苛虐必使雇募某人或所雇頑猾百端取其雇直官中所使要以皆非稅戸正身而橫使民間分外縻費雖條約頗嚴然州縣施行豈得如法其弊終在見今州役如承符等皆官自雇人至於縣役必使民間自雇議者之意但欲苟存差役之虛名而不顧民間之實

病非通法也臣欲乞應州縣諸役所差人如欲雇人並許依

元豐以前官雇錢數納錢入官官爲雇人一如舊法據前後

臣庶上言乞行此法者非一乞令戶部檢會足見人情共願

非一人私說也

元祐二年十二月二十四日勑諸縣空閑戶不及三番處將州

手分招募抵替鄉差人戶

元祐三年五月十六日勑州手分不以諸州空閑戶及與不及

三番處並招募替放鄉差人戶

元祐四年七月二十七日都省批狀據戶部狀契勘　朝旨州

手分係差到人並許支錢招募抵替外有係投名舊人願住
即不該支給雇錢檢會前後累據京東京西淮南路轉運并
京東京西河北利州河東路提刑司及環復密濟貴滑唐陳
鄧鄭秦瀛定州河陽潁昌府各申陳據舊吏人詞訟不請雇
錢事理不均勘會諸州吏人除江南東西兩浙福建廣南東
西路已有投名人數足外餘路逐州軍有投名不足抽差人
數蓋鄉村人戶素多不閑書筭不諳公家行遣次第於應役
之際惟憚差充人吏其承符散從官之類只是身自出力可
以自充是致無投募手分處惟手分最爲重役本部令相度

諸州吏人除自來已有人投名數足處外應有抽差人數見
行雇募處並以見支雇錢裁減均那不限新舊人並行支給
如委的數少向去招募不行卽從本州當職官員參酌緊分
繁簡相度量添卽不得過舊日募法雇直之數仍開具立定
所支錢數案分等第則例保明申提刑司審察詣實指揮施
行若助役錢有闕剩卽從本司通一路移那應副支使候施
行訖依此開析保明申戶部點檢狀後批勘會昨戶部申請
乞以招募投名人分數支給食錢尚慮不均別有弊倖今來
却乞不限新舊人一槩並行支給比前申請尤更僥倖七月

七日根送戶部子細看詳合如何立法得爲允當及可以情願使人投募具狀申尚書省者本部勘會諸州軍吏人見令有招募數足又有招募不足去處及舊人投名不支雇錢投名替鄉差人卽支錢逐處申陳不一卽未審諸路逐州軍的實利害因依今欲乞下諸路轉運提刑司契勘委自逐司子細體究詳具逐州確實利害因依仍相度合如何措置施行具詣實保明事狀連書申部候到類聚參較別行立法申都省候指揮狀後批七月二十七日送戶部依所申

臣看詳四方風俗不同吳蜀等處家習書算故小民願充州縣

手分不待召募人爭爲之至於三路等處民間不諳書算嘉祐以前皆係鄉差人戸所憚以爲重於衙前自熙寧以後並係雇募雖不免取受然非雇不行今　朝廷役法兼行差雇苟有錢可雇其義當先雇役之重者今三路等處實以州手分爲重則雇役之所當先也然近法雇州手分止於替鄉差其非替鄉差者皆不得雇夫所謂非替鄉差者皆舊人職名已高或本是稅戸苟欲免役者也若使所職輕重一般而有祿無祿頓異人情不安必有辭罷者矣縱不辭罷將來老疾事故無願投者必不免雇故不若早立一法均行雇募之爲

善也且民間諳習書算行遣之人除投充手分之外其實亦
無他業不爲手分亦將何爲今但比元豐舊法量支役錢理
無不至詳觀前件戸部所陳詞理已盡　朝廷抑而不用實
爲未便自今諸路相度以來畧無報應足見於戸部所請之
外別無可擘劃矣臣欲乞指揮三路等處州手分除招募已
及九分外餘並比元豐舊支雇錢分案分輕重量加裁損立
定錢數召募施行餘依戸部前來所請

貼黃　朝廷向申明投名州手分非替鄉差不支雇錢因合
州役承待人等非替鄉差亦不得支今州手分既不分新舊

例支錢則承符人等亦當如此

右臣竊見元祐以來　朝廷改更弊政如青苗市易保甲等事一皆劉削而天下卒無一人以爲非者至於改募役爲差役建議之始異論已多逮今五年終云未便葢事之當否衆口必公雖古聖人孰敢違衆故臣願　朝廷採此衆志立成定法臣昔於元祐三年任戸部侍郎竊見　朝廷始議兼行差雇二法使天下以六色助役錢雇募州役是時特出　朝旨不問有司斷然必行已而衆皆稱便何者非常之原凡人不曉或暗昧不矚至理或偏係不肯公言誒其同心事何由濟故臣今所言欲乞出自　聖斷與大臣

熟議如有可採依三年例斷而行之所貴天下之合以速蒙利澤不然使中外雜議動經歲月大法無由得成而民被一二害未有已也臣不勝區區不知言之煩瀆死罪死罪取　進止

乞再舉臺官狀

右臣等近准勑舉岑象求趙屼充臺官已蒙　聖恩除象求殿中侍御史竊見本臺兩院官共六員分領六察皆得言事元祐之初朝廷急於求治臺中闕員畧無一二四方觀望皆知　陛下勤於聽納爭效悃愊以補萬一今日監察御史併闕四員雖　聖明開納之意無損於前而員闕不補中外疑惑今六曹寺監雖復閑

地毎遇有闕猶未嘗不補況於人主耳目所係至重自非諱聞直言及有所壅蔽而聽其久闕實非治世之事也況六察所治事務不少若稍有弛廢則究抑者必衆亦非　先帝設官之本意也伏乞特出　聖旨下本臺及兩制分舉八員　陛下擇取四人用之使天下曉然知　朝廷招求忠言與昔無異不勝幸甚謹錄奏聞伏候　勑旨

乞改舉臺官法劄子

臣伏見唐制御史屬官皆大夫中丞自舉及　本朝舊法亦皆丞雜及兩制舉人蓋以人主耳目之官不欲令執政用其私人以防

壅蔽近自元祐三年六月八日　聖旨指揮殿中侍御史監察御
史並用升朝官通判資序實歷一年以上人自是以來雖時復令
本臺及兩制舉官而終無一人應格可用何者士自選人改官經
兩任知縣一年通判若稍有才名多爲朝廷擢用其餘碌碌無取
難以復堪臺官雖或間有沉淪未見知賞然蓋亦巳少矣今法限
取此人巳傷苛細而又緣此　祖宗舉臺官舊法久廢不用而執
政以意選用舊人之例遂以成風近日雖　聖意開悟復令臣等
舉官然弊法尙存方人物衰少之時實患難以應法伏乞檢臣前
奏稍改近制令臺官得舉升朝第二任知縣及通判以上各半若

謂知縣資淺乞依尚書侍郎例許權監察御史所貴稍存　祖宗故事不至執政自用臺官雖方今君臣相信法度可署而　朝廷紀綱不可不經久遠臣職在臺長臺中典章義當固守取　進止

論用臺諫劄子

臣聞書稱堯舜之德曰明四目達四聰蓋人君居高宅深其勢易與臣下隔絕若不務廣耳目則不聞外事無以預知禍福之原臣不敢復論前代請陳　本朝故事每當視朝上有丞弼朝夕奏事下有臺諫更迭進見內有兩省侍從諸司官長以事奏禀外有監司郡守走馬承受辭見入奏凡所以爲上耳目者其衆如此然至

於事有壅蔽猶或不免今自　太皇太后陛下　皇帝陛下垂簾
以來每事重慎羣臣得對於前者惟有執政及臺諫官而已然天
下之事其是非可否既決於執政　陛下欲於執政之外特有所
聞者又獨有臺諫數人而已臣觀今日臺官三員諫官二員其間
非執政私人特出　聖意所用者又不過一二人孔子有言今吾
於人也聽其言而觀其行陛下試取此五人言行之實而諦觀之
則其邪正向背槩可見也昔漢成之世王鳳用事羣臣莫敢盡言
惟劉向王章力言其惡無所顧辟皆爲鳳所不喜言卒不用或繼
以死而鳳推薦其門人如杜欽谷永之流使上封論事欽等所言

皆掩蔽鳳短專攻帝失由此直言不聞漢以不競今　陛下深處
帷幄耳目至少惟有臺諫數人若又聽執政得自選擇不公選正
人而用之臣恐天下安危大計無由得達於前而　朝廷之勢殆
矣惟　陛下留神省察無忽臣言則社稷之福也取　進止

乞罷修河司劄子

臣伏見大河北流經今十年已成河道每年夏秋汎溢孫村地形
低下漲水東出因此張問等輩欺罔　朝廷建為回河之議自此
北京生靈懷魚鱉之憂日夜為遷徙之計監司守臣及勑遣使者
皆言其不便朝廷亦知其難矣而去歲八月宣德郎李偉輒敢獻

言欲閉塞北流回復大河力排衆議僥倖萬一私覬功賞　朝廷
爲之置修河司調發民夫刻剝役兵差文武官吏收買梢芟百廢
並舉河北京東西路公私爲之騷動萬口一詞知其無成上賴
陛下聖明照知利害然猶未能盡罷其役始令且開減水河次因
旱灾令權罷修河放散夫役然修河司依前不罷李偉仍提舉東
流故道後因給事中范祖禹封還勑命尋奉四月五日　聖旨李
偉差遣後過漲水檢舉取旨臣訪聞是時大臣面許　陛下誒求
得一人可代偉者卽令偉罷去夫偉以欺君動衆害及數路據法
當卽日誅竄以謝天下今乃遷延至此況有前件　聖旨必非虛

言理當檢舉施行以信大臣前說今漲水已退而偉終不罷據今月三日　聖旨止是依吳安持等所請候霜降水落從北丞司相度將梁村口至孫村河身內妨礙處取豁壁掠候冰凍消釋相地形順便隨宜開導務令深闊釃為二渠臣詳觀安持等說益猶狹姦意觀望　朝廷欲徐為興動大役之計以固權利不然但掠行開撥口地則北外丞司自可辦事自不須復存修河司及留李偉使時進姦謀以敗大計也以臣觀之修河司若不罷偉若不去河水終不得順流河朔生靈終不得安居伏乞指揮大臣速罷修河司及檢舉前勑流竄李偉以正國法取　進止

貼黄臣觀大河北流北京在其東軍民倉庫所在河朔之都會也昔人遠爲漲溢之備於其西岸開三河門使漲水西流於空閑之地至館陶合入河身故北京若無大患今自李偉等閉塞三河門築截河馬頭指水鋸牙激水東向仍於東岸第三第四第七鋪開撥河道慫令漲水灌注北京之上今歲八月漲水東流幾與北京發撗堤平南望瀰汎五十餘里是時北京中若雨不止風不定本京必致疎虞今偉等申請皆沒此月前實害而探言北流深瀛汎浸之害以爲不可不存東流以分減水勢據今年深瀛等州堤坊新復未甚高厚然皆不至決溢若將來歲

歲增築使與從前河堤相若加以海口深快漲水不得停留縱有小溢必不至深害雖無東流未爲患也故臣以爲偉等皆妄言苟欲自便耳若不斥去則邪說無窮正論無由得伸最河坊之巨蠹也

再乞責降李偉劄子

臣近奏乞罷修河司并責降李偉尋准九月二十六日　聖旨李偉權發遣北外監承提舉東流又准十月二日　聖旨罷都提舉修河司臣以爲修河司雖罷而李偉不去與不行臣言無異謹按李偉屢以姦言動搖　朝廷興起大役於去年八月中獨銜奏稱

大河見今已爲二股分行然須當於第四鋪地分更行開廣河槽只得兵夫二萬於九月興功至十月寒凍時畢功因而引導河勢豈止二股通行而已亦將遂爲回奪大河之計凡偉所言大率狂妄不疑如此由此　朝廷信以爲實爲之發兵調夫差官吏聚梢芟騷擾河北京東西三路吏民爲之不聊生者半年朝廷中覺其妄遽罷其役是時中外公議皆望　朝廷立行誅竄明其欺罔以謝天下而因循不决任偉如故旣而給事中范祖禹封還制書乞罷偉差遣　朝廷猶復隱忍於四月五日降　聖旨李偉差遣候過漲水取旨今漲水已過中外又謂　陛下必責降偉以信前命

而反擢授監丞仍提舉東流會未數日復罷修河司蓋　朝廷之所以罷修河司者謂回河不可復行故也回河既不可復行則偉罔上誤國之罪著矣今乃以初任知縣權發遣都水監丞則是有罪人之更得遷進擢此公議所以不伏也且修河司雖罷而李偉不去妄言時至河事變更不定河朔生靈無時得安此又公議之所深憂也目　朝廷號令貴在必信四月五日　聖旨指揮著在有司今棄而不用使天下皆得竊議以謂　朝廷處設此言切使給事中奏行制命及制命已行則棄爲虛語會不顧師大臣何惜一偉而輕犯此誇誕臣不勝區區伏乞檢會前奏速賜流竄偉

若不黜公議終不止也取　進止

貼黃去年八月偉始奏乞回河　朝廷用其言差官吏兵夫收買梢芟開掘河槽修築馬頭鋸牙功役至大于今觀之皆是虛費臣乞差不干礙官司一一磨算費用之實若只據此偉之流竄自有餘責而况欺君悞國臣子之大惡耶

三論渠陽邊事劄子

臣近再論唐義問處置渠陽邊事乖方致渠陽蠻寇賊殺將吏乞早黜義問以正邦憲更選練事老將付以疆埸經今多日不蒙施行訪聞執政止以臨敵易將兵家所忌爲說雖知義問處置顛錯

至覆軍殺將猶復隱忍不即遣代比雖遣衛規往視然規凡人未

曾經練戎事何益於算徒引歲月坐眡邊人肝腦塗地臣甚惑之

謹按義問所為蓋全不曉事留在邊上一日即有一日之害昔趙

任廉頗以趙括代之則敗秦任王齕以白起代之則勝蓋臨敵易

將顧代者何人耳今執政乃以虛文藉口終欲庇之遂令人何辜日

被塗炭若非　陛下哀矜四方亟命賢將往代則臣恐陷害生靈

未有已也兼臣訪聞渠陽諸夷蟠踞山洞道路險絕中國之兵入

踐其地雖跬步不得其便昔郭逵知邵州困於楊光僭李浩從章

惇自沅州入過界即敗逵浩皆西北戰將然並有敗無成者地形

不便也今聞　朝廷已指揮諸道發兵數目不少然將非其人臣
恐既不知戰又不知守老兵費財漸致腹心之患深可慮也今
朝廷欲棄渠陽然其中屯戍兵民不下數千義無棄之虜中俾爲
魚肉要須畧行討定使知畏憚肯出渠陽兵民然後爲可臣訪聞
湖南北士大夫皆言羣蠻難以力爭可以智伏欲遣間諜招誘必
用土人欲行窺伺攻討必用土兵捨此而欲以中國强兵敵之雖
多無益然此可使智者臨事制置難以遥度也臣前者嘗以衆人
言謝麟屢經蠻事頗有勞效乞行委任　朝廷置而不用者葢必
有賢於麟者惟乞速遣以紓邊鄙之患至於義問决無可望幸

陛下無疑也臣又聞渠陽諸夷與宜州羣蠻相接宜蠻部族衆多若與渠陽諸夷合謀作過勢益昌熾猝難剪滅亦乞指揮廣西預行招撫雖不得其用但勿與協力亦不爲無益矣取 進止

乞定差管軍臣僚劄子

臣伏見管軍臣僚見闕三人頃者竊聞大臣議除張利一張守約

陛下以謂二人皆資任淺下用之則爲躐等又利一張耆之子而得一誠一之兄故不可用特出 聖意欲用王文郁姚兕大臣既退輙寢文郁兕而進擬利一守約右丞許將既隨衆簽書進擬而復論奏其不便因此進擬文字爲 聖旨所卻經今一月有餘

廢不復議臣竊以　祖宗故事凡有管軍皆以資任先後相壓未嘗輕有移易自非戰守功效尤異豈可超授令利一守約資淺才下別無出衆勞效而利一家世又如　聖旨所諭大臣力行已意力欲進擬其爲不便不言可見許將旣知其失自合與衆人公議止其進擬今乃外同簽書內行論奏反覆之狀殊非大臣之體由此互相疑阻遂使差除之政廢不時舉以臣愚見實恐自此專擅之迹與窺伺之風交行於上寖淫不止皆非　朝廷之福也況自祖宗以來以管軍八人總領中外師旅內以彈壓貔虎外以威服夷夏職任至重豈以大臣商量未得如意闕而不補臣欲乞指揮

以 本朝故事參近日 聖旨苟非邊功允著眾所推服罪惡顯
白世所共棄且當循守資格速加除授以允公議取 進止
貼黃訪聞張利一任定州總管日曾入教場慾教以不得軍情
諸軍並不唱喏因此移真定總管據此事狀實亦難令管軍

欒城集卷之四十三 終

欒城集卷之四十四

宋眉山蘇轍子由著

明東吳王執禮子敬
顧天叙禮初仝校

御史中丞論時事劄子一十三首

乞裁損待高麗事件劄子

臣伏見高麗北接契丹南限滄海與中國壤地隔絶利害本不相及本朝初許入貢祖宗知其無益絶而不通熙寧中羅拯始募海商誘令朝覲其意欲以招致遠夷爲太平粉飾及掎角契丹爲用兵援助而已然自其始通及今屢至其實何益於事徒使淮

浙千里勞於供億京師百司疲於應奉而高麗之人所至游觀伺察虛實圖寫形勝陰爲契丹耳目或言契丹嘗遣親信隱於高麗三節之中高麗密分賜予歸爲契丹幾半之奉　朝廷勞費不訾而所獲如此深可惜也今其復至旣　朝廷未欲遽絶謂當痛加裁損使無大饒益則其至必疎而我得其便矣竊見近日已降朝旨自明州以來州郡待遇禮節率皆減舊而京師諸事未加裁定臣愚以謂　朝廷交接四夷莫如遼夏之重而自前所以遇高麗者其北二虜多或過之非獨於　本朝事有不便儻使二國知之亦爲未允今畧取都亭及西驛所以待西北人使約束與同文

館待高麗例輕重相比乞行裁酌謹具條例如後

北使條約

一人使送到買物劄子如內有不係賣與物色更不關報國信使下行并官庫供納仰館伴使副婉順說與後條其不係賣與物色名件逐一細開

西使條約

一西人詣闕賀正旦　聖節到許住二十日非泛一十五日如係商量事候朝旨進發

一西人到關隨行蕃落將不許出驛或有買賣於本驛承受

使臣處出頭官爲收買後條不許收買物亦細開名件

一西人到京買物官定物價比時估低小量添分數供賣所收加擡納官

高麗使條約

諸人從出外買到物並檢察有違礙者即婉順留納以雜支錢給還價直

係時政論議及言邊機等文字即問元買處關開封府

諸進奉人到闕司録司及曉示行人許將物入館至設廳兩廊與進奉人交易仍關監門不得阻節

諸親事官隨人從出外遊看買賣輒呼樂藝人飲酒作過及

買違禁物者杖八十情重者奏裁差到先責
知委狀

諸下節日聽二十人番次出館遊看買賣仍各差親事官壹
人隨願乘馬者於諸司人馬內各借壹匹并牧馬兵士壹
人至申時還仍責隨人所往處狀

諸進奉人乞贖藏經者申尚書祠部餘相度應副即不許買
禁物禁書及諸毒藥

諸進奉使乞差伎藝人教習三節並關管勾同文館所
公使錢伍拾貫關左藏庫供限壹日到每三日或五日買時
物花果之類送進奉使副并上中下節關即再關取

右臣竊謂遼夏高麗均爲夷狄　朝廷所以交接之儀防閑之法理當無異況高麗之於契丹大小相絶有君臣之别令館餼之數出入之節或皆如一或更過厚其於事體實爲不便臣欲乞凡館待送遺並量加裁抑其人從出入即依西北人使舊例其留住月日非汴水未通仍立定日限如此施行亦自不爲薄也取　進止

貼黄高麗人使見今必已至浙路所定裁損條約乞不下省部只自　朝廷指揮免有稽緩失事

論張頡不可用劄子

臣伏見　朝廷以置渠陽軍爲不便議欲棄之者久矣然自去年

以來欲棄而不得羣蠻猖獗南邊至今爲梗者何也任非其人而棄之無術故也唐義問文俗吏耳無他才畧昔被　朝命直入羣蠻之中欲棄此城旣爲蠻衆所圍用胡田之計詐欺羣蠻苟脫性命旣歸不敢以其實聞凡有寇盜皆指揮邊城不得申報　朝廷不察其實而任之不替則旣一失之矣及今夏以來蠻寇大作以至覆軍殺將臣屢以爲言而　朝廷屬任義問之意不衰訪聞大臣但以臨敵不可易將爲詞終欲庇義問不卹邊人肝腦塗地之苦及今已將半年則旣再失之矣今者　朝廷除張頡知荆南頡自瀛徙荆誠不爲超遷然近降　朝旨令單馬赴任外人始知

朝廷欲以頔代義問蓋義問之所以敗者闇而自用狠而失衆今
頔猜嶮闇愎又甚於義問而　朝廷復加委任則又三失之矣臣
竊悲湖北之人外遭羣蠻騷擾不安其居內業用人三失未知息
肩之所是以不避煩瀆冒進瞽言昔元祐二年　朝廷除頔戶部
侍郎臣時爲諫官前後具頔罪惡八事乞行罷免時雖不從然用
頔未逾年知其不可卒黜之外任及今未幾而遂付以邊事邊事
重害又與戶部不同蓋臨敵統衆兵民性命所係不可不慎竊聞
大臣謂頔本貫鼎州意其習知蠻事是以遺之然不知人才各有
短長未必生於其鄉必善其事臣但恐頔任情恣行出於天性老

而不改必致敗事頓昔爲桂州經畧使始因靳吝小費終以措置乖方事具臣昔言頓八事遂致宜州夷人背叛賊殺本州兵官頓尋遣費萬王奇二將繼往攻討率皆陷没　先帝震怒差官取勘遂落職奪官降知均州又元豐三年除頓知熙州是時臣僚上言頓天資褊躁動多猜忌頃在廣南忿爭互論州郡官吏爲之不安乞賜追寢新命尋奉　聖旨令依舊知滄州然則頓之不可付以邊事著自先朝非獨今日臣言之矣所有臣昔具頓八事皆非虛言並有案據謹別具開録奏聞乞令大臣看詳罷頓新命或但無令預聞邊事別揀諳練用兵之人責之成效取　進止

貼黃張頡資任已深除知荆南不爲過當臣今所言但以頡爲性猜嶮所主不得衆情不可令管邊事耳

再乞禁止高麗下節出入劄子

臣近奏乞裁損同文館待高麗條例除近降　聖旨畧施行外有一項下節日聽二十人番次出館遊看買賣止減爲十人竊緣夷狄之人懷挾姦詐情不可知許令遊覽都城大則察探虛實圖寫宮闕倉庫營房衢道所在曲折事極不便小則收買違禁物貨機密文書及作違非治之則傷恩不治則害事聽之出入無一而可舊法雖令親事官監視然小人貪利微加賂遺何所不從其實無

謚若是　朝廷全然不卹前事則雖日令二十人出入可也若以爲可慮則止許十人實亦不便伏乞再降　聖旨全令禁絶取

進止

催行役法劄子

臣昨於九月初論役法未便事經今已是兩月未見施行臣竊見

二聖臨御以來凡所更改法度皆已略定惟是役法首尾五年民間終未得安便若不及今完治實恐久遠姦人指以爲詞疵病

聖政古人有言難得而易失者時也惟　陛下哀憐小民速指揮大臣早定良法取　進止

再催行役法劄子

臣伏見　二聖臨御以來號令之不便於民者莫如役法之甚蓋編戶之民自五等以上人被其害士大夫自有知識以上人知其非臣昨日蒙　聖恩擢任執法即嘗首言其事以爲他日小人疾害　聖政欲立異同之論者必指此以藉口不若今日博采公議自救其失故於九月八日備論五事乞賜施行又於十月二十六日乞檢會前奏早賜　指揮前後共經三月有餘終未見可否伏惟天下利害其切於小民害於　聖政未有甚於此者而大臣因循重於改作遲遲至此甚非　陛下勤卹民物及深思遠慮之意

伏乞更加申敕速令詳議立成定法以時行下取 進止

論邊防軍政斷案宜令三省密院同進呈劄子

臣竊見大理寺審刑院舊制文臣吏民斷罪公案並歸中書武臣軍員軍人並歸密院而中書密院又各分房逐房斷例輕重各不相知所斷既下中外但知奉行無敢擬議及元豐五年 先帝改定官制知此積弊遂指揮凡斷獄公案並自大理寺刑部申尚書省上中書取 旨自是斷獄輕重比例始得歸一天下稱明焉自元豐七年十月八日奉 聖旨應緣保甲事元係樞密院指揮取勘及保甲司乞特斷公案令大理寺定斷刑部勘當申院元祐四

年六月十八日又奏　聖旨禁軍公案內流罪以下情法不相當
而無例擬斷合降特　旨者令刑部申樞密院取　旨今年七月
十三日又奏　聖旨應係樞密院降指揮下所屬體量根究取勘
者候奏案到令樞密院取　旨十月四日又奏　聖旨應官員犯
罪公案事干邊防軍政並令刑部定斷申密院取　旨二十九日
又奏　聖旨應官員犯罪公案事干邊防軍政文臣令刑部定斷
申尚書省武臣申樞密院臣竊詳前件五項條貫不唯斷獄不歸
一處其間必有罪同斷異令四方疑惑失　先帝元豐五年改法
本意兼事干邊防軍政文臣歸尚書省則雖樞密院本職必有所

不知武臣歸樞密院則自節度使充經畧安撫有所廢黜雖三省
亦有不得知者事之不便莫大於此臣今欲乞依　先帝改法之
舊應斷罪公案並歸三省其事干邊防軍政者令樞密院同進呈
取　旨而已知此則斷獄輕重事體歸一而兵政大臣各得其職
方得穩便取　進止

乞優卹滕元發家劄子　元祐五年十月

臣伏見故龍圖閣學士前知太原滕元發昔事　先朝早蒙知遇
方羣臣爭以財利求進之秋元發獨能守正時獻讜言　先帝取
其大節雖任用進退不一而卒蒙保全近者　朝廷知其可用復

還舊職擢寘河東元發亦能裁損極邊冗戍爲國惜費頗有成効
今不幸身亡子弱家貧已甚　聖恩特加賻贈欲乞檢會近例差
破人船津送喪柩骨肉直歸蘇州族有塋日仍令本州量事應副
元發有弟申從來無行今元發既死或恐從此凌暴諸孤不得安
居緣元發出自孤貧兄弟別無合分財産欲乞特降指揮在京及
公路至蘇州以來官司不許申干預元發家事及奏薦恩澤仍常
切覺察取　進止

薦王鞏劄子

臣伏以方今人才衰少求備實難凡有所長皆當不廢臣伏見右

承議郎王鞏生於富貴志節甚堅好學力文練達世務昔熙寧之初宰臣王安石用事屢欲用鞏鞏自知守正不合拒而不從每上書言事多切時病吳充馮京器其爲人嘗與議及同事及王珪蔡確執政李定舒亶爲御史將傾充與京故起大獄廣加羅織欲以次及二人鞏由此得罪南行萬里三年而歸剛氣不衰言事如故時　二聖臨御司馬光當國鞏復預光議論光極喜之言之　朝廷擢任宗正寺丞方復欲進用而鞏狷介疾惡爲衆所忌適會光物故衆人捃其微過因而排之遂至今日臣竊悲光平日所薦今皆布列　朝廷而鞏獨連蹇不遇罷官者再凡鞏之所長皆士人

之所難能而其所短多暗昧不明或少年之所不免前知楊州謝
景温與龔共事嘗上章明辯其冤則愛憎之言未可偏信臣備位
風憲區區之意毋欲爲　陛下掇拾遺材以備任使與龔遊從最
舊知其所長伏乞　陛下洗濯瑕疵稍加録用必能上感恩造臨
事捐軀以報萬一取　進止

論禁宫酒劄子

臣竊見有司近以在京酒戸虧失元額改定宗室外戚之家賣酒
禁約大率從重謹案嘉祐舊法親事官等賣酒四瓶以上並從違
制斷遣刺配五百里外本城其餘以次定罪　皇親臨時取　旨

仍許人告提兩瓶以上賞錢十貫止及熙寧法每賣一斗杖八十一斗加一等罪止杖一百許人告捕一斗賞錢十貫至百貫止及元祐四年所定刑賞與熙寧同而有告無捕及今年十一月六日十二月十八日 敕刑從嘉祐而賞從熙寧既兼用兩重及並行告捕仍許入沽販之家而取 旨之法兼及本位尊長是以此法一行人情驚擾臣竊惟有司所以立此法者止為酒戶虧額而已酒戶虧額但戶部財利一事耳今既兼取前後重法施於沽販小人足矣臣訪聞宗室之間頗有疎遠外住之人以窘乏之故或賣酒自給今既許人入其家捕捉小人無知以捕酒為名恣行凌辱

何所不至兼逐位尊長爵齒並崇多連宗字而卑幼犯酒不免取
旨若取　旨而不行則雖取何益若遂有行遣竊恐　聖意必
不欲如此故臣愚見以爲當去尊長取　旨之法仍不許捕捉之
人入　皇親宅院如此施行頗爲酌中伏乞特降　指揮速行改
定取　進止

貼黃臣所言事干宗室欲乞　聖意裁定如可施行更不出臣
此章只作　聖旨批降三省

論冬溫無冰劄子

臣伏見前年冬溫不雪　聖心焦勞請禱備至而天意不順宿麥

不蕃去冬此災復甚而加以無冰二年之間天氣如一若非政事過差上干陰陽理不至此謹案常燠之罰載於周書而無冰之災書於春秋聖人之言必不徒設臣謹推原經意而驗以時事惟陛下擇之蓋洪範庶證哲則時燠豫則常燠謀則時寒急則常寒哲之爲言明也豫之爲言舒也故漢儒釋之曰上德不明暗昧蔽惑不能知善惡無功者受賞有罪者不殺百官廢禮失在舒緩盛夏日長暑以養物政既弛緩故其罰常燠周失之舒秦失之急故周亡無寒歲而秦滅無燠年今連年冬溫無冰可謂常燠矣刑政弛廢善惡不分可謂舒緩矣臣非敢妄詆時政以惑　聖聽請爲

陛下具數其實然事在歲月之前者臣不能盡言請言其近者凡有罪不誅者七無功受賞者四陸佃爲禮部侍郎所部有訟而其兄子宇乃與訟者酒食交通獄既具而有司當宇無罪此有罪而不誅者一也石麟之爲開封府推官與訴訟者私相往來傳達言語獄上而罷更爲郎官此有罪而不誅者二也李偉建言乞回奪大河　朝廷信之爲起大役費用不貲令黃河北流如故漲水既退東流淤塡遂成道路臣屢乞正偉欺罔誤　國之罪不蒙采納任偉如故此有罪而不誅者三也開封府推官王詔故入徒罪雖該　德音法當衝替而詔仍得守郡至今經營差遣遷延不去

此有罪而不誅者四也知祥符張亞之為官戸理索積年租課至勘決不當償債之人估賣欠人田産及欠人見被枷錮而田主毆擊至死身死之後監督其家不為少止本臺按發其罪而　朝廷除亞之真州欲令以去官免罪此有罪而不誅者五也孫述知長垣縣決殺訴災無罪之人臺官有言然後罷任雖行推勘而縱其抵欺指望　恩赦此有罪而不誅者六也秀州倚郭嘉興縣人訴災州縣昏虐不時受理臨以鞭扑使民相驚自相蹈籍死者四十餘人雖加按治而知州章衡反得美職擢守大郡此有罪而不誅者七也近日差除戸部尚書以下十餘人其間人材麤允公議者不

過二三人其他多老病之餘及執政所厚善耳臣與僚佐共議以爲不可勝言是以置而不論獨取其尤不可者杜常王子韶二人論之然皆不嘗施行夫杜常在熙寧間諂事呂惠卿兄弟注解惠卿所撰手實文字分配五常比之經典及其所至謬妄取笑四方其在都司希合時忱任永壽等　旨意施之政事前後屢爲臺官所劾兼其人物凡猥學術荒謬而寘之太常禮樂之地命下之日士人無不掩口竊笑此無功受賞者一也王子韶昔在三司條例司諂事王安石創立青苗助役之法臣時與之共事實所親見及呂公著爲御史中丞舉爲臺官公著以言新政罷去而子韶隱忍

不言　先帝覺其姦妄親批　聖語指其罪狀自是以來士人不復比數但以善事權要子弟故前後多得美官今又擢之祕書指日循例當得侍從公議所惜實在於此此無功而受賞者二也張淳資才凡下從第二任知縣擢爲開封司録曾未數月厭其繁劇求爲寺監丞即得將作又不數月令權開封推官意求因權即眞遒遷遷上此無功而受賞者三也丁恂罷少府簿經年不得差遣一爲韓維女壻即時擢爲將作監丞此無功而受賞者四也其因緣親舊馳騖請謁特從常調與之堂除以至除目猥多待闕久遠孤寒失望中外嗟怨者尚不可勝數凡上件事皆刑政不修紀綱

敗壞之實也大槩近歲所爲類多如此譬如天時有春夏而無秋
冬萬物雖得生育而不堅成天之應人類以類至宜指揮大臣令
已行者卽加改正未行者無蹈前失勉强修飭以答天變臣伏見
去年歲在庚午世俗所傳本非善歲徒以
二聖至仁無私德及
上下故此凶歲化爲有年然事有過差猶不免常燠無冰之異由
此觀之天地雖遠得失之應無一可欺若更能恐懼修省戒飭在
位相勉爲善則太平之功庶幾可致也臣備位執法實欲使
陛
下比隆堯舜無缺可指無災可救是以區區獻言不覺煩多死罪
死罪取
進止

論雇河夫不便劄子

臣竊聞　祖宗舊制河上夫役止有差法元無雇法始自曹村之役夫功至重遠及京東西淮南等路道路既遠不可使民間一一親行故許民納錢以充雇直事出非常即非久法今自元祐三年

朝廷始變差夫舊制爲雇夫新條因曹村非常之例爲諸路永久之法既已失之矣而都水使者吳安持等因緣　朝旨造成弊政令五百里以上不滿七百里每夫日納錢二百五十文省七百里至一千里以上每夫日納錢三百文省團頭倍之甲頭火長之類增三分之一仍限一月過限倍納是歲京東一路差夫一萬六千

餘人爲錢二十五萬六千餘貫由此民間見錢幾至一空差人般
運累歲不絕推之他路槩可見矣近因京東轉運使范鍔得替同
論其不便安持等方畧變法罷團頭火長倍出夫錢工部知罰錢
之苦又乞限至六月以前雖苛虐比舊稍減然訪之公議終不爲
穩便何者　朝廷本欲寛省民力故許出錢雇夫若其錢足以充
雇則　朝廷將復何求今河上雇夫日破二百而已昨來京城雇夫每人日支
一百二十文省在河上日支二百以爲過厚雖欲稍增數目爲移用陪備等費亦不當
過有裒斂以傷民財也故衆議皆謂七百里以下與七百里以上
人戶若係差夫則一人效一人之力耳今乃利其遠近有費用多

寡之殊遂令遠者多出五十以爲寬剩此豈　朝廷卹民之意哉
兼一夫出二百五十亦已自過多如臣愚見若於每夫日支二百
文外量出三十以備雜費則據上件京東所差夫數止約合出一
十一萬貫省比本監所定五分之二耳昔王安石爲免役之法只
緣多取寬剩致令民間空匱怨讟並作　二聖臨御爲之改法今
創痍猶未復也安持本安石之黨昔日主行市易多出官本散與
無根之人虛椿息錢以冒不次之賞雖畧行追奪而尋復任使盍
從來習爲聚斂之政至今不改是以雇夫之法名爲愛民而陰實
剝下臣欲乞　聖慈特降指揮應民間出雇夫錢不論遠近一例

只出二百三十文省所費易爲出備不至艱苦兼臣聞自來諸路計口率錢百姓如遭兵火若用之河防之上一無枉費於理尚可也今取之良民之家而付之河埽使臣壕寨之手費一稱十出沒不可復知民獨何負而爲此哉凡今河埽梢樁之類納時數目不足及私行盜竊比之他司官物最不齊整及其覺知欠少或託以火燭或因河流向著一經卷埽大破數日雖有官司無由稽考今以免夫錢付之類亦如此矣兼訪聞河上人夫亦自難得名爲和雇實多抑配臣今仍乞令河北轉運提刑司同共相度如何處置關防所支雇夫錢以免欺盜之弊及乞體量所雇人夫有無抑配

具結罪保明聞奏然後　朝廷裁酌從長施行取　進止

貼黄今歲修河夫人數不少且以遠近各半約之仍據見行法

遠者每人一日多出五十文省則其錢數亦必甚多若蒙　聖

恩便令裁減則民間受賜不少乞　指揮速賜施行

論西邊商量地界劄子

臣聞善爲國者貴義而不尙功敦信而不求利非不欲功利也以

爲棄義與信雖一快於目前而歲月之後其害將有不可勝言者

矣昔晉文公圍原命三日之糧原不降命去之諜出曰原將降矣

軍吏曰請待之公曰信國之寶也民之所庇也得原失信何以庇

民所亡滋多退一舍而原降晉荀吳圍鼓鼓人或請以城叛吳弗許左右曰師徒不勤而可以獲城何故弗爲吳曰吾聞諸叔向好惡不愆民知所適事無不濟或以吾城叛吾所甚惡也人以城來吾獨何好焉使鼓人殺叛人而繕守備三月鼓人請降使其民見曰猶有食色姑脩而城軍吏曰獲城而弗取勤民而頓兵何以事君吳曰吾以事君也獲一邑而教民怠將焉用邑鼓人告食竭力盡而後取之克鼓而反不戮一人以世俗言之此二人者可謂疎於事情而怠於功利矣然要其終文公以霸天下荀吳以强晉國則信義之效見於久遠如此臣竊觀　朝廷之所以御西夏者可

謂毀矣方元祐三年夏人既受册命不肯入謝再以大兵蹂踐涇原大臣畏之明年遣使請以所許四寨易蘭州塞門　朝廷雖不許而大臣務行姑息不俟其請而以歲賜等事許之一歲所賜凡二十萬夏人仰之以爲命雖以一歲之入易蘭州塞門可也而奈何與之盡自失歲賜以來　朝廷蕩然無復可以要結夏人者幾此既往之事臣不復追咎矣頃者夏人既得歲賜始議地界　朝旨許以見今州城堡寨依綏德城例以二十里爲界十里外量置堡鋪其餘十里爲兩不耕地約束既定大臣中悔又欲堡寨相照取直議猶未定而熙河將佐范育种誼欲於見合城堡之外更占

質孤勝如二堡大臣僥倖拓土之功不以育等爲非從而助之尋爲夏人所破所殺兵民皆不敢以實聞繼修城門再被焚毀其事至今未定然夏人迫於內患不敢堅抗　朝命許以照直爲界其言猶未絶口而大臣又悔欲於堡鋪之外對留十里通前共計三十里此命旣出有識之士以爲失信太甚非中原之體若使邊臣稍知義理必不忍自出反覆之言以彰不信幸而夏人終以內患未解不欲違拒黽俛見從十里之地得之不足爲強失之不足爲弱雖小人以爲得計而君子謂之失策何者要約未定今歲已添屯重兵前後十將有餘十將之衆凡五萬人使五萬人西食貴粟

其費已不貲而夏人順否又未可必雖復暫順要之久遠不信
朝廷爲患何所不至然此亦既往之事臣復何言哉臣之所憂但
恐大臣狃於小利睥睨夏國便利田地貪求不已訪聞近遣穆衍
與邊臣計議既欲取質孤勝如一帶良田凡數十里又欲取秦鳳
路隴諾城與熙河路定西城照直地僅一百里規畫極大聞者驚
愕若此謀復作夏人不堪其忿竊出作過我曲彼直何以禦之且
先朝用兵所得四寨　朝廷猶務息民棄而不惜況於其餘何
足計較在兵法有之曰有其有者安貪人有者殘又曰利人土地
貨寶者謂之貪兵兵貪者破今之所爲正犯此禁臣竊怪大臣皆

一時儒者而背棄所學貪求苟得爲國生事一至於此外人皆言
前後計畫皆出种諤諤本小人安知大慮而舉　朝廷以從之乎
要之不出數年此患必見患至而後言言雖易信而已無及矣伏
乞　陛下以社稷生民爲念斷之於心止其妄作則天下幸甚取
進止
貼黄添屯數目臣見陝西轉運使李南公言（此貼黄在添屯十將處）自元
祐以來　朝廷不起邊事凡自前邊臣欺罔殺略熟戶計級受
賞虜掠財物私自潤入及邊民幸於擾攘買賤賣貴如此等事
皆不得爲故上下鼓唱願有邊釁凡此皆姦人自作身計非國

之利也今勝知質孤等處良田實西邊第一等膏腴豈我獨知
以爲利而夏人不知耶彼知愛之則不免於爭爭一起則兵革
不息此正墮邊臣之姦計而大臣不察過究臣訪聞夏國柄臣
梁乙逋者內有篡國之心然其爲人狡而多算寬而得衆方欲
內安酋豪外結 朝廷竢內外無患然後徐篡取之所以 朝
廷近日商量地界雖前後要求反覆而乙逋一一聽從蓋見議
地界止於二三十里之間於彼國不深繫利害故也今 朝廷
若見其易與因而別有大段求索使彼不能堪忍或至忿爭兵
難一交必非 朝廷所願至此而後反欲求和則所喪多矣

論黃河東流劄子

臣聞大河行流自來東西移徙皆有常理蓋河水重濁所至輒淤淤塡既高必就下而決以往事驗之皆東行至太山之麓則決而西西行至西山之麓則決而東向者天禧之中河至太山決而西行於今僅八十年矣自是以來避高就下至今屢決始決天臺次決龍門次決王楚次決橫隴次決商胡及元豐之中決於大吳每其始決　朝廷多議閉塞令復行故道故道既高復行不久輒又衝決要之水性潤下導之下流河乃得安是以大吳之決雖　先帝天錫智勇喜立事功而導之使行不敢復塞兹實至當之舉也

惟是時民力調發提防未完北流汗漫失於隄障由是元祐之初大臣遽聽始開孫村之議欲導河使東以復故道此議一起都水官吏僥倖回河之功河上使臣埽兵利在差遣請受相與唱和爭謂回河自是公私困竭河北京東西之民為之不聊生矣伏惟太皇太后陛下 皇帝陛下仁民愛物恭儉節用如恐傷之今河本無事而生事之人公然欺罔坐使公私俱弊臣實深痛之謹采河朔民言效之左右惟 陛下裁察夫河自天禧西行及其決於大吳其去西山不遠惟有此地未經淤澱比之他處地形最下故河水自擇其處決而北流直至瀛莫之郊地勢北高河遂東折入

海其爲順便殆天意也惟北京之南孫村在其東岸東接故道其間數十里地頗汚下每歲夏秋漲水多自此溢出昔之治河者以爲北京宮闕所在兵民夥煩而孫村近在城南之外若使漲水從此流入故道則都城生聚皆有魚鼈之憂故於河之東岸孫村之南開淸豐口以洩漲水流入故道於河之西岸開闞村等三河門亦以洩漲水行無人之地迤邐流至館陶復合入大河昨來　朝廷知一依昔人措置則北京每歲夏秋漲水自可無虞城南堤防所費並可省罷自北京以北至瀛莫以南地迫西山漸有岡阜河水至此自不能爲害惟有深州當河流之衝所宜經畫今若徙武強縣開近東舊河道具見畫圖引河稍東則深州之危必自

紓解然後完治山公一帶北堤極令高厚則河流赴海可無大患矣今自建孫村回河之議先閉塞闞村等三河門又於梁村築東西馬頭及鋸牙侵入河身幾半迫脇大河强之使東旣河身壹塞則上流陽武靈平等處去秋並告危急漲水至北京之南東西兩岸無所分減又爲馬頭鋸牙所迫併入孫村直上北京簽横堤直北京告急嘗稱若雨不止風不定本京必定踈虞其得平安蓋出天幸由此横堤順水堤皆作木岸所費不貲然終亦不可全恃兼梁村東馬頭下崖至水面高七尺水深二丈以上若欲開掘馬頭以東回奪河身須及三丈乃可訪聞入地一丈泥水不可復開雖

復傾國應副力亦不及若欲畧行開掘令漲水衝刷成河則一二年以來已試不效况故道一帶堤內直高一丈上下而堤外直高二丈有餘架水行空最爲危事謹按自來河決必先因下流淤高上流不快然後乃決然則大吳之決已緣故道淤高今乃欲回河使行於此理必不可且見今北流深處水行地中實得水性捨此不用而欲引入故道使水行空中雖三尺童子皆知其妄而建議之臣恣行欺罔居之不疑今雖變回河之名爲分水之議據都水奏請本謂回河與減水事體不同所有已修進馬頭三百餘步乞從修河司隨宜措置馬頭既在大河之中横欄水勢汎漲之時理須

斟酌可存可折一面施行　朝廷雖許其所請然本司收買馬頭
物料至今不絕又與本路監司同奏乞隨宜開導口地一帶河槽
務令深闊併修葺緊急堤岸釃為二渠臣觀其指意雖名為減水
其實暗作回河之計也且自置修河司以來使過　朝廷應副見
錢四十九萬餘貫其他公私所費猶不在此數今歲春夫共得一
十萬人而北流止得三萬東流獨占七萬蓋自來河北只管一河
東西兩岸而已今為分水之故添為兩河東西四岸內北流橫添
四十五埽使臣三十四員河清兵士三千六百餘人物料七百一十
六萬三千餘束其為耗蠹何可勝言蓋都水官吏專欲成就決不

可行之故道而瓶病已行之北流其欲成就故道則孫村開河馬頭等役當罷而不罷其欲瓶病北流則深州武強等患當講而不講建議分水之人利在深州危急以顯北流可廢而東流當開其爲不忠莫甚於此北京靈平陽武諸處危急實由分水所致則諱而不言深瀛恩冀去歲無害實由北流堤防稍立之功則指爲分水之效其爲罔上衆所憤歎臣職在風憲疾之久矣近因訪問習知河事之人頗得其實采畫成圖隨事籤貼指掌可見今隨劄子上進臣雖未嘗閱視形勢然而朝廷大臣亦未嘗按行其地不可便以都水官吏爲信也欲乞聖慈特選骨鯁臣僚及左右親信往河北計會逐處安撫轉運提刑

州縣及北外監丞司官同共踏行詳其圖録開述利害保明聞奏如臣所言不妄即乞罷分水指揮廢東流一行官吏役兵折去馬頭鋸牙依上件所陳施行今年春夫仍並撥付北流開河築堤役使所貴河朔及鄰路兵民早獲休息國家財賦不至枉費有豐足之漸則天下幸甚天下幸甚取　進止

貼黄今河上夫役不過二月半下手如蒙　聖意允臣所請伏乞火急差官前去定奪所貴未役之前早見可否不誤興役

欒城集卷之四十四終

欒城集卷之四十五

宋眉山蘇轍子由著

明東吳王執禮子敬
顧天叙禮初仝校

中書舍人撰兩府請賀謝表狀十首

請太皇太后受冊表

臣轍等言臣等近奉表請　太皇太后以時備禮膺受冊寶伏奉批答不許者臣等聞謙雖盛德過則失中禮有必然義非所避方旱災未解則克巳安衆人主之令猷及神人既和則備物正名有國之常法若乃務於損而不復有其實而弗居使禮典不修則

臣子何賴臣等誠惶誠恐頓首頓首伏惟　太皇太后陛下躬任
姒之至德蹈舜禹之休功無爲而遐邇自安不言而忠邪自辯四
海蒙福三年于今乃者雨不應時民斯艱食然而振廩巳責之惠
饑饉所以再生側身修行之誠鬼神所以助順今蠶麥既阜黍稷
可期人獲安居朝亦無事而禮廢不舉衆將謂何夫以擁佑神孫
緝熙大業名號之施本由其實文物之盛復沿其名夫何嫌疑固
執謙畏而況遏密之期巳極愛戴之願方深抑損逾涯進退無據
臣等重念　君父之道不獨爲身其於臣子之謀當使無過今時
日協吉冊寶告成却而不施自爲則至而使　皇帝陛下不得盡

天子之義百官有司不得舉人臣之職此臣等區區竊所未喻也

伏願　太皇太后陛下勉循斯請以安衆心仰以奉　祖宗之舊

儀俛以爲國家之榮觀臣等無任懇款激切屏營之　至謹奉表

以　聞

賀擒鬼章表

臣輒等言伏睹熙河蘭會經畧司奏今月十九日洮東安撫种誼

等領兵攻破洮州城生擒西蕃首領鬼章者天網雖寛久而必獲

神理助順叛者自亡會是偏師之出遽聞元惡之授首諸戎震

疊西鄙肅清臣輒等誠歡誠抃頓首頓首伏惟　太皇太后陛下

天覆四方坤載萬物好生之德發於自然柔遠之功覃於無外昆蟲草木咸知此心天地鬼神陰相其業顧西蕃之遺種孤景　聖之鴻私頃在熙寧之間誘陷思立之衆置而不問猶覬知恩爵秩兼隆賜予不絕而乃潛結西夏攻圍南川焚蕩傷夷動以萬計發掘驅虜不可數知築據臨洮傲睨天討當宁太息念疆埸之無辜諸將激昂知背誕之不赦兵刃既接凶黨奔亡臨衝未施壁壘自破老羌奪氣白首就擒即聽檻車之行以正藁街之戮乃者拓跋小醜憑恃解仇之謀猖狂大言陰蓄窺邊之計脣亡則齒知難久脣解則屑不自持料其破膽之餘欺塞無日信矣得天之助本於

愛物之誠臣等鎮撫無功黽勉備位幸依干羽之化庶覩兵革之
藏欣戴之心倍萬倫等臣瞰等無任瞻　天望　聖激切屏營之
至謹奉表稱賀以　聞

謝入伏早出狀二首

伏以火老而煩金徵斯伏忽被早歸之詔仰慙內恕之恩退食委
蛇撫躬戰汗臣等叨塵近輔與聞政幾庇廣廈之清陰飽素飡而
終日方慙懼於無補何勞苦之足云伏惟　太皇太后陛下推已
及人使臣以禮深念早衰之質許以中昊之休顧惟民事之至艱
蓋有日入而後息臣等敢不上懷　主眷俯念人勞廣淸淨之餘

風致安佚於無外

伏以候極南訛日臨庚伏方齋居之暇豫閲政務之勤勞亟命遄歸得從燕息臣等猥以一介獲覽萬徵殫日力而不遑知寸陰之可惜惕然祗畏敢有怠荒伏惟　皇帝陛下雞鳴求衣日旰忘食致海内無警急之奏而　朝廷有清淨之風膺化國之舒長念暑雨之咨怨會匪賢勞之久遽蒙夙退之安臣等敢不上體眷懷益勵愚拙更寒暑而不易期歲月之有成

謝坤成齋筵狀二首

清光可企初奉萬年之觴妙供已成共薦三乘之福遠傳温詔式

燕羣工舉磬管以示和陳肴核而飽德與衆同樂旣均夷夏之歡俾壽而康當遂臣鄰之願

又

寅奉東朝方慶誕彌之節均慈列辟俾同旣醉之歡飫以和羹作之備樂舉太平之舊事竦衆目以榮觀呦呦鹿鳴士有盡心之願振振鷺下衆知胥樂之誠

謝講徽論語賜燕狀二首

志在多聞親講前王之訓功惟日就遽見一經之終深念勤勞式均燕喜籩豆有楚鐘鼓畢陳勉興好我之心旣優以禮將聞善道

之告不絕於時
宸心莫測方篤志於詩書坤德無爲但勤求於儁彦曾未閱歲已
聞終經式均燕豆之私以榮講席之報始於好學討觀聖政之新
終克肯堂益助慈心之喜

賀雪御筵謝狀二首

伏以微陽將復溫氣倘浮誠意感天不日而應同雲覆地雨雪載
均信哉牟麥之祥復稱癘疫之藥時方嗣歲已知天造之回功在
庶農益驗坤元之德臣等弼諧雖幸燮理何功安在豐年日有素
餐之愧錫之備禮重叨曲燕之私醉飽而歸震惶無措

伏以近自頻年每愆時雪　聖心勤念雖淵默以無言天意寄符
變凝陰而有作飛花先自於宮闕布潤俄遍於寰瀛九軌澄清已
消塵壒之濁三農踊躍載歌牟麥之豐臣等幸此有年共安無事
錫之醴酒益知和氣之充飫以肴烝願均足食之惠醉飽盛德歌
舞休功

編　神宗御集奏請表狀二首

乞御製集叙狀

臣等頃被　旨編次　神宗皇帝御製文集檢尋遺放緜歷歲時
於兵政二府得處置之詳於臣寮諸家得訓敕之要相從以類首

以詩頌雜文備載無遺終以邊防秘計令者編録麄定卷秩巳分臣等恭惟　神宗皇帝天縱彌文神授英畧詞章淵妙不學而能籌策縱横絶人遠甚而復厲精庶政親決萬機故其遊幸無益之文見存無幾至於經綸成務之作著録尤多足以上繼典誥垂世之書豈止追迹漢唐能文之主臣等雖觀章句莫測淵源竊見祖宗御製集聖製序文巳有故事蓋天日之象非常人所能形容而堯舜之言非來聖莫適題品臣等欲乞　皇帝陛下依前朝典故親譔　神宗皇帝御製集序頒付本所以發揮聖作昭示來世

進御集表

臣轍言竊惟　神宗皇帝天縱聖德文章儁偉策畧宏遠出於天性不由學致自初即位經營百度有綱紀海內鞭撻四夷之志老臣宿將拱手相視以聽可否至於發姦擿伏料敵制勝明見萬里之外皆發於文詞臣頃被　聖旨編次遺文始於禁中次及三省密院下至文武諸臣之家凡尺牘寸紙無所遺軼或文采煥發足以形容　淵衷或事實明著足以考察時政謹已詮次成書然臣之愚陋不足以測知深淺臣轍誠惶誠恐頓首頓首伏惟　皇帝陛下居堯舜之位躬曾閔之孝（太皇太后表啟此二句云以文母之慈修聖子之業）補述前志見於為政綱羅遺事盡副史官猶恐平生文字久而散亡或致

唐滅特置官局經涉歲時臣伏觀歷代帝王如漢武魏文唐德文
宣三宗皆工於詩騷雜文與一時文士角長絜大至於經綸當世
講論利害以文墨盡天下事則皆不足以仰望　先帝之萬一惟
漢光武起布衣治經術提三尺劍以平僭亂得治民馭兵之要每
以手迹十行細札號令海內竇融在河西詔書至探融等情僞河
西皆驚以爲不可欺即時欵附第五倫爲京兆掾每讀詔書曰此
聖主也願爲盡死力魏太祖芟夷羣醜其用兵雖法孫吳然因事
變化自作兵書十餘萬言諸將征伐皆以新書從事臨事又手爲
節度從令者克捷違教者負敗惟此二君近之然　先帝之文其

高處自當與典謨訓誥爲比非近世所能髣髴凡著録九百三十五篇爲九十卷目録五卷内四十卷皆賜二府及邊臣手札言攻守祕計先被　旨録爲別集不許頒行仍　御製集序一篇以紀盛德發明大訓臣竊見　祖宗御集皆於西清建重屋號龍圖天章寶文閣以藏其書爲不朽計又刻板模印遍賜貴近臣今已繕寫分爲五幞隨表上進欲乞降付三省依故事施行所有　御集印付本所修寫鏤版臣無任戰汗懇懼屏營之至謹奉表以　聞

辭免恩命表狀劄子一十六首

辭起居郎狀

右臣今月十九日准閤門告報已有　告命除臣起居郎者伏念臣頃自疎外擢居諫垣衰廢之餘才力耗竭黽俛歲月無所建明近因　朝廷除張頡爲戸部侍郎杜紘爲右司郎中公議紛然謂非其人臣繼上封章極言其事杜紘雖才性鄙佞點辱華要而罪惡未著臣亦不敢力言至如張頡爲性憸躁臨事乖方歷任以來罪狀山積臣以爲事旣明白是以前後五次上言不知頡久事權植根深固一爲左右之所保任遂致　聖意確然不移臣屢獻狂言誠不量力雖　聖意寬貸未賜譴訶豈敢冒昧寵榮復塵要近言不稱職臣猶自知當黜反遷衆必指笑伏乞特回誤恩除臣一

外任差遣俾臣得免淸議不勝幸甚所有前件告命臣不敢祗受

謹録奏聞伏候　敕旨

第二狀

右臣准今月二十三日尚書省劄子以臣奏乞免起居郎恩命奉

聖旨不許辭免者　君父之命所當敬從臣實何人敢有固執

特以臣前言張頡除戸部侍郎不當前後五狀不蒙施行頡之罪

名著在案牘傳於公議而大臣主之愈力　朝廷用之不疑則是

臣謗毁忠賢眩惑　天聽狂妄之誅所不當赦臣今不敢復論其

事但以言爲職言既不用理當廢黜銜愧冒寵義實不安伏乞檢

臣前奏除臣一外任差遣以全臣進退之分所有起居郎告命臣不敢祗受謹録奏聞伏候　敕旨

免修條支賜劄子

臣准門下中書後省關准吏部牒以臣詳定參校六曹寺監吏人額禄文字并修條特支銀絹各五十疋兩竊緣編修條貫及裁定吏額皆上禀　朝廷論議下賴官吏勤力臣居其間别無勞効冒昧恩賞情所不安况范百禄等已有文字辭免乞賜檢會一處施行特寢誤恩以安愚分取　進止

第二狀

臣近准何書省劄子奉　聖旨不許臣辭免詳定吏額并修條特支銀絹者　聖恩深厚不廢微勞豈合固辭上煩　天聽然念臣頃自遭遇曾未數年致位近侍其間因緣職事催督官吏修定舊條在於微臣絕無分毫之効若皆一一僥倖恩賞實愧心顏伏乞聖慈察臣誠心非有矯飾追寢成命以安愚衷取　進止

辭召試中書舍人狀

右臣今月二十二日奉　聖旨召試中書舍人者伏念臣頃自外官擢任言責雖繼陳狂瞽而報効蔑然遽蒙　聖恩執筆柱下復緣之使權掌命書資淺才微寵恩沓至自知非稱而況人言方欲

上書自陳以辭要劇忽聞召命震越非常况今多士盈廷詞臣間
出或外次不用或沉伏未聞豈患無人以備任使顧臣才力短拙
重以衰殘曾未逾年致身華近必貽公議難以自安伏乞追回誤
恩少安愚分謹錄奏聞伏候　敎旨

第二狀

右臣今月某日准閤門告報蒙　聖恩除臣試中書舍人者頃蒙
特旨召　中堂辭避不從　俛而就遂忝成命意終不安雖知區
區寸誠不能仰回天聽而匹夫之志終欲必行蓋人臣事君本求
知遇有命不受近於不情然臣以義而言有三不可伏念臣少從

父學稍知爲文憂患以來筆硯都廢今雖勉强心志已衰此一不可　臣昨自縣道召充諫官旋叨左史仍兼詞命駢繁寵數併在一年臣猶知非況復公議此二不可也內外兩制素號要途兄軾頃已擢在禁林臣今安敢復據西掖非獨畏避譏評實亦恐懼盈滿此三不可也臣既無一堪而有三不可冒昧寵祿將安用之伏乞　聖慈鑒臣愚誠特寢前命俾臣得安閑地少弭人言則臣圖報恩私尚有他日謹具狀奏聞伏候　敕旨

辭戶部侍郎劄子

臣准尚書省劄子已降　誥命除臣依前朝奉郎試戶部侍郎奉

聖旨管句右曹者待罪西掖雖已朞年齟齬文墨之間愧負寵祿之厚豈期過聽特有甄升竊以戶部右曹兼領昔日金倉司農之政侍郎職事專治天下差繇市易之餘奏請紛然法度未定方欲酌今昔之中制采吏民之公言宜得強明練達之人立成久遠通融之法如臣暗陋何以克當願回誤恩別選能吏俾臣愚獲安於微分而國事不失爲得人公私兩宜衆議爲允懇迫之至冒昧以聞取　進止

辭吏部侍郎劄子

臣准尚書省劄子已降　誥命除臣試尚書吏部侍郎奉　聖旨

令管句右選者臣待罪民部一期且半才微事劇智力俱殫方欲
干叩　聖明稍求閑地而猥蒙進擢俾佐天官地望愈華職業尤
夥見今選集之士五六千人一失銓量人言可畏伏望　聖慈矜
臣不逮察臣無他除臣一閑慢差遣上以明　朝廷用人之公下
以全愚臣知止之分干冒　天威進退失措取　進止

辭翰林學士劄子

臣今月十四日准閤門告報已降　誥命除臣翰林學士知制誥
者臣頃在民曹頗經歲月不能均調有無仰助邦計日虞曠弛以
速刑誅　朝廷曲賜保全已爲至幸復加進擢必致煩言近被除

青參掌吏選雖云寵命猶麗諸曹臣自量空疎尋已辭避而况玉堂之清祕號爲詞臣之極選臣兄軾舊以文學見稱流輩猶復畏避不敢久居得請江湖如釋重負在臣微陋實爲叨竊兄出弟處或謂　朝廷私臣一家地近職嚴姑願　朝廷歷選多士雖或未欲置臣於外猶願特許假臣以閑　苟未滿盈庶可驅策悃誠迫切進退兢危伏望　聖慈即賜俞允取　進止

辭御史中丞劄子

臣待罪禁林行將一歲兼權吏部復又累月常恐才小責重有一曠敗孤負　聖恩今月三日得閤門報准告除臣御史中丞充龍

退就閑官上全知人之明下安守節之義惶恐迫切不知所裁取
本心況臣非獨自爲身謀亦爲 朝廷惜此適變伏乞追寢成命
之功德崇山岳之恩私區區之誠毋庸頌譽若復冒居要任誠愚
介重念臣頃者爲邑江外被召還朝會未五年遍歷華近兼尺寸
事之比雖 朝廷過聽欲以寵借小臣而臣自度量顧少安愚
所遴至于應主難知臣鄙凡何以堪此況復職忝河圖之祕亦非近
輕官吏觀之以啓動僥倖之心邪正因之以知消長之候是以前代
六人或由此進用或因事罷去凡任人之得失實係 朝廷之重
圖閣學士聞命震恐罔知所措蓋自一 聖臨御所用輔法令於

進止

辭尙書右丞劄子

臣今月五日准閤門告報蒙 恩除中大夫守尙書右丞者臣備位南臺言事無補上負 朝廷開納之意下辜朋友責望之誠徒以厚恩未酬欲去不忍豈謂非常之命猥加無補之臣矧復二轄之官萬幾所在苟用人之一失實取輕於四方如臣奮自諸生誤叨近侍嶔嶇緜道曾未數年出入周行莫聞顯効資地淺薄積薪有後來之譏德業空虛在粱有不稱之請伏乞追寢成命少安愚衷上以全 二聖知人之明下以成孤臣審已之分臣無任祈

天待命激切屏營之至取　進止

第二狀

臣蒙　恩除中大夫守尚書右丞今日雖已具劄子辭免然意有未盡　君父之前不敢復隱謹具披露惟　陛下察之伏念臣幼少無他師學於先臣洵而臣兄軾與臣皆學藝業先成每相訓誘其後不幸早孤友愛備至逮此成立皆兄之力也頃者兄弟同列侍從臣已自愧於心今玆超遷丞轄中臺與聞政事而臣兄軾適自外召還爲吏部尚書顧出臣下復以臣故移翰林承旨臣之私意實不遑安況軾之爲人文學政事過臣遠甚此自　陛下所悉臣

不敢遠慕古人內舉親戚無所迴避只乞寢臣新命若得與兄軾同爲從官竭力圖報亦未必無補也如此則公議既允私意獲安其於愚臣實爲至幸取　進止

第三狀

臣今月某日伏蒙　聖恩賜臣詔書一道不允臣辭免恩命者命降自天輒形懇避恩不加譴猶辱訓詞輒緣覆燾之私復伸愚陋之懇蓋陳力事上常自止於不能而量才用人亦當矜其已竭況臣位居執法職在繩愆苟有官非其人爵踰於德法所當治臣敢弗言今者擢寘近班實爲虛授若遂黽俛居位臣既自已知非苟

復傳播於人衆必指爲無恥在他人猶爲不可況本職之所當言
責別選於長才冀獲安於私意再殫誠悃非敢飾詞所有詔命不
致祗受臣無任震越待罪之至取　進止

第四狀

臣今月某日蒙　恩差到某官齎降詔書一道以臣再辭恩命不
允所請者特遣使車宣布君命里巷以觀親黨增光雖聖聽之未
回知愚言之可聽與其順旨而使　聖朝不獲所任曷若違命而
使柄臣舉惟其人用此力辭期於得請昔楚有子玉文公爲之仄
席薦多君子季札知其未亂若公卿類皆骨鯁則精神足以折衝

今雖忠賢在朝股肱協力不宜雜用小器以示之人臣能知難國之福也苟不度德民何觀焉尚冀察臣危誠追寢前　命俾得粗陳薄技以効一官既獲謀身之宜非無報國之所進退兩得家國俱安其於微臣豈非厚賜無任恐懼懇禱之至取　進止

免尚書右丞表二首

臣轍言伏奉　誥命蒙　恩除臣中大夫守尚書右丞者首居言責無補　聖時方有黜幽之虞遽聞躐等之命辭而不獲情實難安臣轍誠惶誠恐頓首頓首伏念臣家世寒賤兄弟（顓）直早坐狂言流落江湖而不返晚逢興運聯翩禁近以偷安恃　聖神之誤

知蹈嶮夷而莫顧前後歷居於臺諫彈擊多召於怨尤每圖自安之宜惟有早退之便徒以受恩未報中夕以興進退皆艱徬徨自失敢有望於殊寵以自速於煩言矧茲丞轄之嚴號居弼諧之貳覩用人之當否知爲國之重輕如臣迂闊而寡謀孤直而多怨進用茲始已或紛然眷遇儻隆安能自保伏望 太皇太后陛下眷求一德以允僉言慎名器之假人念衮裳之在笥亟收前命以保危蹤苟無隕越之憂盡出生成之造臣無任祈天俟命激切屏營之至謹奉表陳免以聞

第二表

臣轍言伏奉　誥命蒙　恩除臣中大夫守尚書右丞者臺轄之
重國論所存顧惟尺寸之材向與棟梁之選比陳誠懇尚閟俞音
臣轍中謝誠惶誠恐頓首頓首伏念臣家世寒儒僅守父兄之樸學文
史末技不通邦國之大猷頃自元祐之初偶緣之使召自南遷之
後遽責使言旋由左史而踐掖垣復從右戶以居翰苑迨茲執法
曾未數年言何補於　聖明志已殫於憂責以一日遭逢之幸擅
諸臣積累之榮方懷滿溢之虞願求閑散之便豈意　恩私之横
被復叨丞轄之近班自昔政事之臣非處書生之地既犯不韙其
何敢安伏望　皇帝陛下以德愛人量才付位深察斗筲之陋難

堪鍾鼎之藏追還誤恩選建明德俾賢愚各安其所則中外無復
聞言其於微臣受賜多矣臣無任祈　天俟命激切屏營之至謹
奉表陳免以聞

欒城集卷之四十五終

欒城集卷之四十六

宋眉山蘇轍子由著　　明東吳王執禮子敬　顧天敘禮初　仝校

雜謝恩命表狀一十六首

謝除中書舍人表二首

臣轍言伏奉　誥命除臣試中書舍人仍改賜章服者執筆柱下已愧空疎起草禁中尤爲清切上瀆　主眷下愧人言臣轍誠慼（中謝）誠懼頓首頓首伏以西臺政教之原紫微（薇）論思之地緝熙庶政事得稽參進退具寮言成訓誥昔趙孟治晉叔向爲之謀主則楚無

以當國僑爲鄭子羽掌其詞令則國鮮敗事今臣所領頗近於斯
宜得博達詳練之人疏通敏捷之士考覈邦典潤飾皇猷如臣樸
訥少文迂拙自用在　仁祖時始以直言見收下第在　神考時
復以封事獲對　清光不能自結於一時旋復竄投於萬里雖謀
身之不暇顧受任以何堪泰壇之樽何取溝中之斷清廟之瑟誤
收竈下之焦此蓋伏遇　皇帝陛下出震乘龍代天理物默然思
道專意於用人穆若守成選衆而求舊憐臣一介之賤偶爲三世
之陳遺簪以故而見收老馬以病而復養不求其用聊厲吾仁臣
縱雖力不逮人而誠心未泯學忘其舊而一二猶存敢不靖恭于朝

側聽高宗之言政勉强以俟幾見盛事 措刑臣無任感 天荷
聖激切屏營之至謹奉表稱謝以聞

謝除中書舍人第二表

臣轍言伏奉誥命除臣試中書舍人改賜章服者越從左史擢領西垣口出命書身參法從深念山林之迹本無富貴之心聞命若驚固辭不獲臣轍誠惶誠懼頓首頓首伏念臣生本西蜀家世寒儒學以父兄爲師貧無公卿之助私有求於祿養輒自力於文詞慨然東遊無以上達際會仁祖訪求直言策語猖狂恃聖神之不諱考官怪怒惡悻直之非宜孰知牾俗之言特被憂君之詔感激

恩遇遂忘死生莫酬國士之知適有私門之禍未塡溝壑重廹飢寒時於道途曁見神考一封朝奏夕聞召對之音衆口交攻終致南遷之患生雖不遇嘗辱顧於二宗時不見容勢殆濵於九死厄窮自致黽勉何言敢云衰病之餘尚被寵光之幸此蓋伏遇太皇太后陛下毋慈均覆坤德無私欲以任姒之明躬行堯舜之道肆求多士以遺成王耆老畢會於朝廷耕築不遺於草莽遂令拔擢猥及空疎馮唐已衰猶願雲中之往貢禹雖老未忘封事之勤譬如木之在山生則荷恩而死無所恕水之在地行則潤下而止不敢辭臣之事君義亦如此欲報之意非言所殫臣無任瞻

天荷

聖激切屏營之至謹奉表稱謝以聞

謝除戶部侍郎表二首

臣轍言今月初四日伏奉　誥除臣依前朝奉郎試尚書戶部侍郎者被垣清閟奉鉛槧以婾安民部劇煩以金穀而為職事非素學命不獲辭中謝臣轍誠惶誠恐頓首頓首伏念臣起於南畝曾未再朞擢在近班訖無少補開口論事適　宸心延納之初引筆代言非書命縱橫之際竊祿而已功何足云計日以言時亦未幾方自憂於汰去豈復意於超升此蓋伏遇　太皇太后陛下仁聖無為

靜深照物坐闕工師之厲灼知情僞之端察臣朴愚憐臣孤遠才
雖未能以應務性則不喜於爲邪試之劇曹冀其來効然臣觀當
今右部之政正值昔日新法之餘召募憂於錢荒差繇患於戶少
事既難辨（辦）法當通方尚賴　聖算之明稍寬民力之僨臣之疎拙
徒自勉强苟少緩於瘡痍亦圖報之萬一臣無任感　天荷　聖
激切屏營之至謹奉表稱謝以聞
臣轍言今月初四日伏奉　誥命除臣依前朝奉郎試尚書戶部
侍郎者田野之姿入朝未幾侍從之貴冐寵已多方懷汰去之憂
敢有抱遠之望臣轍誠惶誠恐頓首頓首伏以右曹之政本專賦

役之煩近歲以來復益金倉之舊下關民力上計邦儲　朝廷議
論積年於茲吏民封章繼日以上置局未遑於成法付部要責其
奏功將以適四方之宜爲一代之典自非精練吏事通知民情何
以上副憂勤下寬疲瘵如臣淺陋殆難克堪此蓋伏遇　皇帝陛
下聖資乘時孝先述志明於因革之故達於利病之原上覽　祖
宗之成規下采今昔之公議昭然獨斷惠此小民謂臣出自賤寒
或知劭農之意性本愚拙庶無希合之情度越衆賢付以要務臣
敢不上體　聖慮勉盡鄙心臣無任感　天荷　聖激切屏營之
至謹奉表稱謝以聞

謝對衣金帶表二首

臣轍言伏蒙　聖恩賜臣對衣金帶者盛服在躬袞容有耀兼金收衽綿力難勝顧視何功叨塵重錫臣轍誠惶誠恐頓首頓首伏念臣家本寒族誤點清班豈曰無衣敢自求於安燠可使束帶顧未工於語言曾是遭逢坐蒙　恩寵此蓋伏遇　皇帝陛下德澤無外足以衣被四方禮義有餘意將蕃飾羣下發在笥之珍以明重慎易佩魚之飾以示等威結以會朝垂厲識都人之舊服而拜舞顧影有彼已之慙豈徒褒博以爲容願盡糜捐而報德臣無任感　天荷　聖激切屏營之至謹奉表稱謝以聞

謝翰林學士宣召狀一首

稱謝以聞

議當垣揖鄉之報臣無任感 天荷 聖激切屏營之至謹奉表

篋尚箴厲臂既應腰於私室譬紳同宿亦奢耀於周行顧慙彼已之

物千羞恩深臣幾許出功遺取同裝之恭範寵成實式示斷金之誠

此頭收金回施爲坐洽賜于此蓋伏遇 太皇太后陛下天覆無

賤士儒素傳家年未寬博以御宗寒牛勝通延而東體八從游宦年

吉之禮衣裳燦煌之頒賁帶臣軾誠惶誠恐頓首頓首伏念臣西南

臣軾言伏蒙 聖恩賜臣對衣金帶者中使至拜命而御府推圖鞍安

右臣今月二十五日西頭供奉官充待詔盧倚至臣所居奉宣
聖旨召臣入院充學士者成命莫回驚使華之促召一家竦聽望
雲闕以馳情實儒者之至榮豈平生之敢望竊以翰墨之任始自
有唐供奉至尊講聞前覲北廊奏事有如李絳之忠中禁論兵復
數畢誠之智迨我　祖宗之盛最優文學之臣時舉舊章多蒙召
對頃自恭默之後稍虛顧問之常方今　聖德日躋羣臣屬目蓋
將虛前席以博問繼夜燭而疇咨宜得儁良密侍燕語如臣草野
微陋章句拙疎十載江湖之間自羣魚鳥五遷臺省之要永愧冠
裳敢謂之人遽令至此茲蓋伏遇　皇帝陛下天心廣大海德并

包物無一介之遺意求萬目之舉臨朝訪道有元老之在前燕處
淸心援衆正而自助從容盛德循致承平甘露之徵海嶽奚補修
列聖之故事今將其時因聞見以納忠臣亦有志臣無任感 天
荷 聖激切屏營之至謹錄奏謝以聞
右臣今月二十五日酉頭供奉官充待詔盛僑奉臣所居奉宣
聖旨召臣入院充學士者力辭不免敢承詔旨之溫就職有時復
紆使節之重懇負之極俯伏何言竊以法從之華禁林稱首田漁
自奮信遭遇之已艱兄弟迭居況前後之無幾二劉二吳號有唐
之盛事二宋二韓稱本朝之得人或同處於一時或相望於累歲

今臣與兄軾皆塵西掖繼入北扉曾未三年遍經兩制才不逮於前輩寵遂極於當年　聖主何私偏許一門之幸愚臣自料敢齊伯氏之賢莫爲先容獨爾幸會此蓋伏遇　太皇太后陛下天地之德含氣必生日月之明容光咸照力判忠邪之黨首清侍從之聯察臣兄孤直之無他適具員偶闕而當補棄遺簪而未忍意同氣之可收致此空疎亦蒙獎擢臣敢不始終一節庶無隕於家聲勉强百爲或有補於國事臣無任感　天荷　聖激切屏營之至謹録奏謝以聞

謝賜對衣金帶鞍馬狀二首

右臣伏蒙　聖慈以臣入院特賜衣一對金腰帶一條幷魚袋金鍍銀鞍轡馬一疋者衣配重金光照從官之右廄分上駟出忘徒步之勤醜𩈒何功便蕃若此伏念臣生於寒遠仕則塵勞逢掖之衣如牛脇而自約下澤之乘望田舍以懷歸曾是恩私不遺固陋此蓋伏遇　皇帝陛下輯綏多士收攬成功五色彰施旣盡藩飾之美六轡調適復均緩急之宜不間衰殘特加好賜無衣自請喜七節之吉兮爲子永懷悲三賜之及此糜捐之報造次不忘臣無任感　天荷　聖激切屏營之至謹録奏謝以聞

右臣伏蒙　聖慈以臣入院特賜衣一對金腰帶一條幷魚袋金

鍍銀鞍轡馬一疋者服章在笥駃驥出閑襲以會朝乘而拜賜周行悚覩陋室增華伏念臣家本寒儒誤塵法從既脫布韋之陋稍從輿馬之安同裘之私本非所望康侯之錫顧亦何堪寵數便蕃循省愧歎此蓋伏遇　太皇太后陛下博求儁乂圖廣治功歷覽縉紳之間深照奔走之病曾是迂拙偏被恩私賓客在前或將使之束帶大夫之後知遂免於徒行誓以糜捐少圖報稱臣無任感

天荷　聖激切屏營之至謹錄奏謝以聞

謝勑設狀二首

右臣伏蒙　聖慈以臣今月二十六日入院特賜　勑設者初蹤

玉堂亟頒燕俎仰示慈之豐厚增逌職之光華飽食何爲汗顏罔

措伏惟　皇帝陛下使臣以禮先祿後威四簋既盈豈復無餘之

歎初筵有秩共成既醉之和荷賜則多論報何所臣無任感　天

荷　聖激切屏營之至謹錄奏謝以聞

右臣伏蒙　聖慈以臣今月二十六日入院特賜　勅設者恩異

禁林禮加燕豆頻年不講故事僅存偶追賢儁之遊亟蒙飫賜之

舊伏惟　太皇太后陛下惠慈無外典禮畢修鳴鹿呦呦喜忠告

之來告嘉魚汕汕豈衎樂之徒然祇服異恩敢忘仰報臣無任感

天荷　聖激切屏營之至謹錄奏謝以聞

笏記二首

臣蒙　恩授翰林學士知制誥者眷命自天懇辭無地伏念臣歸

朝未幾受任過優榮兼伯仲之間寵先供奉之列此蓋伏遇　太

皇太后陛下德施普博恩及卑平察狂狷之無他憐孤直之寡助

生成之賜草木何知臣無任感　天荷　聖激切屏營之至

臣蒙　恩授翰林學士知制誥者職叨非分恩出異常伏念臣比

自南遷擢居法從功未聞於一二寵遂及於便蕃此蓋伏遇　皇

帝陛下急於用人不遺寸善置之翰墨之地忘其兄弟之嫌欲報

洪私未知死所臣無任感　天荷　聖激切屏營之至

謝除龍圖閣學士御史中丞表

臣轍言伏奉　誥命除臣御史中丞充龍圖閣學士者視草禁中既極儒臣之選專席朝右復膺忠告之求兼延閣之寵名增南司之榮觀退循淺拙徒積兢危（中謝）臣轍誠惶誠恐頓首頓首伏以　仁聖在宥五年於今恭儉無爲四方稱治然而矯枉之過苛吏適法而寬弛相尋革故之難儌事雖除而條綱尚紊民貧未可經遠吏窳難於責功是謂守成之難宜有厲精之實幸臺綱之一舉措國是於無疑如臣才力之微勉强何及此蓋伏遇　太皇太后陛下德惟主善政貴日新閔風俗之惰媮褒詞說之忠佞知逆耳之利

行察遜志之多非是以度越儁賢收掇微賤然臣迂愚之質砥礪莫加顛沛之餘衰罷日甚言之無補昔已效於諫垣文不適時比復陳於翰苑恩深莫塞才短奚爲惟有事君之小心每欲終身於直道折而不屈蓋蓬蒿之自然晦而猶鳴亦鷄鶴之常性志效捐軀之報未知授命之晨拜伏在廷俯仰增愧臣無任感　天荷聖激切屏營之至謹奉表稱謝以聞

謝賜對衣金帶鞍馬狀

右臣伏蒙　聖恩賜臣對衣金帶鞍轡馬一疋者衣以旌禮錫之帶則有約束之嚴馬以代勞加之鞍則無隕越之懼荷國恩之深

甄知　聖訓之密微服以周旋益增愧汗此蓋伏遇　太皇太后

陛下照臨多士推廣德心捐廐庫之有餘憐臣庶之微陋拜命玆

始曾無毫髮之勞受賜以歸先有滿盈之懼伏念臣起家寒遠遭

世熙明才下位高畏維鵜濡翼之誚任重道遠懷老驥伏櫪之心

量力自知覽物增愧將何以光被顯服並驅衆賢惟當知無不言

實亦匪以爲報臣無任感　天荷　聖激切屏營之至

生日謝表二首

臣轍言伏蒙　聖恩以臣生日特遣中使降詔書賜臣羊酒米麪

者忝貳中臺席猶未暖恩頒細札庖已分甘爰用挺辰寵賁私室

臣轍誠惶誠恐頓首頓首伏念臣才無他技生實多艱近從江海之羈遠聞廊廟之政齷齪從衆曾何補於微塵出入彌旬已自驚於素食惟是累朝之故事本優當世之名卿不遺臣子之私特助宰家之喜豈茲菲薄亦被寵榮此蓋伏遇 皇帝陛下仁貴慎微禮思從厚既竭大烹之養兼存推食之恩庶無饑渴之憂以盡腹心之報雖草木不知於亭育而犬馬尚識於仁私被服恩光永思報稱臣無任感 天荷 聖激切屏營之至謹奉表稱謝以聞

臣轍言伏蒙 聖恩以臣生日特遣中使降詔書賜臣羊酒米麪者時當生旹情方切於懷親職貳文昌恩忽驚於捧詔稟庖致饋

門戶生光臣轍誠惶誠恐頓首頓首伏念臣夙稟厄窮年侵衰暮偶緣乏使叨據近班未嘗稼而取禾則多不能諫而食肉無恥醉乏之令德之美飽無用心之勤常恐食浮以爲身累敢煩好賜之厚曲記初生之期此蓋伏遇　太皇太后陛下推天祿以養才因舊章而憲下旨酒肥羜見和平蕃衍之祥香稻來牟皆調節登豐之報顧惟孱陋坐食甘腴況臣少也早孤祿不及養老而多感憂以終身賜予在前莫施烏鳥之微志顧瞻來事惟有忠義之可爲竊爾寸心未知所報臣無任感　天荷　聖激切屏營之至謹奉表稱謝以聞

笏記

臣進擢未幾勞效未聞偶緣生育之辰遽蒙慶賜之典醉酒飽德

雖喜太平之風先事後祿愧非崇德之義匪僥圖報愧畏交中

謝除尚書右丞表二首

臣轍言伏奉制命除臣中大夫守尚書右丞累具辭免蒙降詔不允仍斷來章者待罪南臺閱時空久承恩右轄量分實逾雖循牆而固辭媿回天之無力臣轍誠惶誠恐頓首頓首伏念臣衰遲晚節遭遇聖時還朝首擢於諫垣求言終置於臺長蓋古人事君之難事惟忠言拂意之易危迫切至於引裾顛危有或折檻大則死亡之不卹小則投竄而莫留雖伏節之心沒而後已而保身之義明者非之臣今不然事出至幸蓋上方有道常導之使言故下獲安心知言之無罪非徒無益而不譴抑又與進而超遷才不逮於

中流幸則過於前輩出入數歲參陪大猷昔所罕聞衆或驚嘆此
益伏遇太皇太后陛下奉身有禮體天無心均覆中外無疎戚之
殊惠養黔黎有恭儉之實德則可紀過寧復聞遂使諫諍之臣不
知激訐之懼因緣寵遇復享尊榮不貲之恩沒齒何報方今兵革
既息年穀稍登惟當上體仁心治而弗擾旁求哲士守之愈堅
羣后比義以致功則孤臣因人而成事過此以往未知所裁臣無
任

謝除尚書右丞表第二首

渙汗之恩已行而不反傴僂之志雖勤而莫伸上愧鴻私下慙公議臣轍中謝恭惟皇帝陛下接堯舜之統蹈成康之仁體貌先正耆老之人臣揀拔後來魁秀之士俛仰六載前後幾人坦然公明故不私賢否之實穆然淵靜默故坐照情僞之眞臨御久則鑒愈明得失分則下無隱如臣者西南賤士章句小儒早歲猖狂偶竊方聞之選中年流落旣安縣尹之卑遭時之人致位近侍跌宕文墨之囿囁嚅議論之場舉皆空言安有實效顧惟省轄之重實參國論之餘豈無遺賢遠及微品地寒資淺何以望三事之餘光才短力

罷安能裁六聯之滯論雖復黽勉就職愧歎何言此蓋伏遇皇帝陛下天地之仁曲成草木之陋父母之愛不錄子弟之非將建大厦以覆羣生故收衆材而無棄物然臣負過其力受非所容惟有潔已無私或不孤於託付引類自助幸得免於顛隮不渝始終少荅恩造臣無任

欒城集卷四十六終

欒城集卷之四十七

宋眉山蘇轍子由著

明東吳王執禮子敬
顧天叙禮初全校

代人上表二十三首

代陳州張公安道謝批答表二首

臣某言伏以衰病日侵曠官是懼敢期恩貸曲示撫存臣某誠惶誠恐頓首頓首伏念臣早塵侍從晚遇聖明犬馬之誠本期於竭盡烏鳥之志旋迫於艱難憂患既深志力俱耗比緣終制獲覩清光自顧衰殘之餘力求閒散之地荷聖恩之未棄付便郡

以偷安勉強支持庶幾補報而自單車就道之日舊疾緣隙而生
視事云初猶冀有瘳於歲月力疾爲治未敢卽訴於　朝廷及此
遷延愈增昏眩殆將隳撓於條教無以表正於吏民衆所共知信
非矯飾抱孤誠而未達艰　睿眷以徒驚感激之衷固無以喻進
退之分終所未安雖　明主優容舊臣而尸素之譏安可弗畏雖
愚臣貪冒寵祿而筋力之去難以強同苟矜察其罷癃實保全於
終始臣無任祈　天族命激切屏營之至謹奉表陳免以聞
臣某言老病既至昏耄及之恩澤未移撫存若此感幸雖切啓處
未寧臣某誠惶誠恐頓首頓首伏惟　皇帝陛下覆育萬物體乾

坤之不遺容養羣臣猶父母之曲盡始終愛惜左右保全雖或迂
踈無用之才加以羸老難任之日猶未忍棄俾獲偷安德厚恩隆
感深涕隕然念臣結髮從宦出身事君遭遇　聖明有犬馬自效
之志酬豢爵祿無山林獨往之心矯世求名既非所願要君自鬻
尤不忍爲誠以病勢侵凌理難勉强伏自去歲初涖宛邛風熱交
攻面目幾廢固陳誠請未賜允從貪冒寵光朋友之所譏笑隳弛
條教吏民之所厭憎逮此干聞出於窘迫豈可復貪榮命不畏多
言而況南都有先臣之敝廬留臺固遺老之清職在臣不爲遂廢
於國亦謂無嫌病而得閑斯人情之至願退之以禮知　主眷之

愈隆天高聽卑得請乃已臣某無任祈天俟命激切屏營之至

謹奉表陳免以聞

代齊州李肅之諫議謝表

臣某言伏奉某月日　勅就差臣知齊州已於今月三日到任上訖者衰疲無用退避爲宜偷分邦符以便私計臣某誠惶誠恐頓首頓首伏念臣夙蒙基業早與簪裳遭遇　先朝薦更煩使逮聖明之有作登賢俊於無方誤識鄙凡首被選擢節制西夏尹正上都用捨皆獨斷之明左右無一人之助才微地薄寵至心驚誓竭愚忠以報天造然自出入要地訖無絲髮之可稱驅馳莫年已

覺筋骸之不逭雖東秦之奥壤實故里之近邦顧惟綏撫之權非復羸老之任飛章自乞倚　宸眷之未移明命俯從知　聖恩之愈厚况復歷山舊治父老猶存濮水樊盧封畛相望首邱自得戀主徒深秋稼粗登民情稍復坐布德澤豈勞施爲惟是邱山之恩猥被桑榆之景報效無所寢興不遑臣無任感　天荷　聖激切屏營之至謹奉表稱謝以聞

代李諫議謝免罪表

臣某言頃者昧於周防自貽謗讟聽明坐照善惡俄分臣某誠惶誠恐頓首頓首伏念臣幼服官箴惟知勤瘁老膺朝寄但守朴忠

訖無他長以報殊遇力小任重常自知其不任勢薄地寒果大招於浮議煩言初起卒莫自明孤迹多危自甘永棄賴　聖神之不惑察誣罔之無根不勞辯明自獲昭洗此蓋伏遇　皇帝陛下天鑒在上物無遁形坤厚兼容人獲安處知拙直之多怨憐衰朽之易摧不見瑕疵曲全終始感幸之切涕泗交流重念臣昔事　先朝雖更煩使衰門無振起之望莫齒絶榮華之心自蒙選掄遂歷禁近初無左右之助惟恃日月之明入領要權出分重鎮況復弟昆之菲薄並叨侍從之清華蒙　國厚恩如臣有幾未能消於謗口實有累於知人每自省循謂宜廢黜尚竊方州之寄益明眷獎

之深敢不勉勵疲駑要粉身而後已訓敕子弟期累世以無忘過
此以還未知所措臣某無任感 天荷 聖激切屏營之至謹奉
表稱謝以聞

代南京張公安道免陪祀表

臣某言伏蒙 詔恩以南郊大禮召臣陪祀者躬饗圜丘祗見
祖廟百辟在列有懷舊臣 明詔及門許觀盛禮顧衰骸之羸瘠
奉成命以震驚臣某誠惶誠恐頓首頓首伏念臣頃守鄉國理極
便安但以莫年勢難勉强飛章請老有負薪不逮之深憂竊祿偷
安豈日莫思歸之本意恐再三之上瀆遂黽勉以逾時然而目疾

侵陵比加昏眩足力耗竭殆不支持方　陛下咸秩百神駿奔萬
國恩以自天之福祿均畀在位之臣工惻然眷懷未忍遺棄而臣
適丁病廢之日懼成跛倚之尤身滯周南信棠觀之有命心游魏
闕念入侍之無期惟當望柴燎之餘烟伏茅簷而竊抃坐馳誠意
仰企清光媮惰之誅逃避無所臣無任祈　天荷　聖激切屏營之
至謹奉表陳免以聞

代張公謝免陪祀表

臣某言伏奉今月某日　詔書許臣免南郊陪位者　睿眷優隆
不遺舊物老身衰病華奉　明恩未即譴訶重加撫諭臣某誠惶

誠恐頓首頓首伏惟　皇帝陛下奉若天地祇事　祖宗馨萬國之歡心洽百禮而爲奉四海來格尙何誒於匹夫誠意旁周獨未忘於一介其爲幸會豈合固辭况臣仕歷　三朝班聯二府自當勉强筋骸之力奔走籩豆之間聽工祝之告休均在廷之率舞而乃自陳衰瘠苟便安閑始貢私誠謂嚴誅之莫逭重迂細札識聖度之兼容雖蒲柳之質既衰而葵藿之心未已瞻望隕越寢興不遑臣無任感　天荷　聖激切屏營之至謹奉表陳免以聞

代張公賀南郊表

臣某言伏見今月二十七日南郊禮畢大赦天下者饗帝之功允

屬於　元聖好生之德遂洽於斯民臣某誠歡誠抃頓首頓首臣
聞天地萬物之始　祖宗百世之元在禮有合祭之文於經有嚴
配之義曠三年而後舉竭四海以薦誠然後精意獲通多儀克備
惠澤均於多辟賜予追於六師自非　聖神莫或修舉伏惟　皇
帝陛下仁孝天錫恭儉日躋祗事神祇勤卹鰥寡故能享安寧於
歷歲效職貢於多方釐事告成舊章不墜臣忝事　累聖親承盛
儀覩致誠備物之爲難知持滿守成之不易其爲喜慰實倍等倫
臣某無任瞻　天望　聖激切屏營之至謹奉表稱賀以聞

代南京留守賀南郊表

臣某言伏以今月某日南郊禮畢大赦天下者親饗天地陟配
祖宗咸秩百神均福四海舉此盛禮并在一時臣某誠歡誠抃頓
首頓首伏惟　皇帝陛下纘嗣　五聖勤勞十年地平天成禮備
樂舉親執圭幣三接神祇藁秸陶匏致精微於德產犧牲玉帛求
職貢於多方祝嘏告休福祿薦至赦宥多辟思廣好生之心賞賚
六師共享如茨之福罔有內外咸盡歡欣臣某居守別都阻陪列
位徒與吏民之眾共被德澤之餘臣某無任瞻　天望　聖激切
屏營之至謹奉表稱賀以聞

代南京百官賀南郊表

臣某等言伏奉今月某日南郊禮畢大赦天下者舉三年之盛典
畨萬國之歡心釐事既終鴻恩均被臣某等誠歡誠抃頓首頓首
伏以 天地之功施而不報 祖宗之德大而難名惟有躬祀圜
丘配 神作主仰以答靈休之貺遲俯以示 聖孝之無窮伏惟
皇帝陛下道被華夷澤浹幽顯百神受職四海宅心盛德元功
推而不有報本反始因以教人遂緣祝嘏之餘丕冒生靈之衆幅
員萬里歡喜一詞臣等分職留都不獲奔走執事無任瞻望踴躍
激切屏營之至謹奉表稱賀以聞

代南京謝頒曆表

臣某言今月某日進奏院遞到　詔書一道賜臣熙寧十一年新曆一卷者天方發春朝既頒朔歲功伊始民事有時臣某誠惶誠恐頓首頓首伏惟　皇帝陛下政先稽古動必法天將以正萬事於歲先大一統於宇內而臣官治留務職在勸農敢不奉順典常助宣化育勤率吏屬共質要成臣無任瞻　天荷　聖激切屏營之至謹奉表稱謝以聞

代張公謝南郊加恩表

臣某言伏以今月某日南郊禮畢特加臣　恩命者元祀告成鴻恩溥及雖在退藏之品猶加異數之榮祗奉絲綸實增慙懼臣某

誠惶誠恐頓首頓首伏惟　皇帝陛下竭誠致饗受禄自天樂與
羣臣同霑大慶上自股肱之列下同筦庫之微嘉其顯相之勤録
其駿奔之助霈然大賚夫豈無名如臣草木餘生桑榆莫景顧田
廬而願逝竊秩禄以常驚多病支離已無任於陪祀寵光霑洽尚
不間於推恩荷德滋深論報無所臣無任感　天荷　聖激切屏
營之至謹奉表稱謝以聞

代李誠之待制遺表

臣某言衰病既侵大期將至顧視日景瞻戀　聖時忍死一言瞑
目無恨中謝臣某誠惶誠恐頓首頓首伏念臣少年感慨有志功名晚

節遵逢慶經驅策總戎西北方　朝廷旰食之秋爲國威懷竊將
帥分憂之日誓將勉勵少答恩私而施設未遑罪戾隨至荷　聖
神之曾照曾竄逐之幾時安居里閭浪迹漁釣誠心自信冀天日
之尚回歲月潛移謂倚伏之可待而命之弗亨冥不自知俛仰之
間彌留已甚伏惟　皇帝陛下躬堯舜之明哲履漢唐之緒餘引
領太平之功側身同德之士臣雖竊見其始而莫究其終與言及
茲銜痛没地然臣聞之惟至誠可以格物惟至仁可以安人刑非
爲治之先兵實不祥之器此皆　陛下聰明之自得老生平昔之
常談將死之言庶幾於善苟有取於萬一則雖没而猶生臣無任

瞻　天望　聖激切屏營之至謹奉表以聞

代龔諫議謝知青州帥表 名鼎臣

臣某言伏奉五月五日　勑告授臣右諫議大夫知青州軍州事兼京東東路安撫使臣已於今月某日祗受訖者守土無功曠官是懼成命既出懇避無由臣某誠惶誠懼頓首頓首中謝伏念臣儒術空疎吏能淺薄早蒙選擢屢典方州中被寵光薦歷臺省懷樸忠而不顧勵勤拙以自將然自遷去中朝流落外補首尾經八年之久左右無一人之容自分衰朽之餘無復甄升之望頃緣之使再守別京獲覲日月之光親聞金石之訓粗陳本末方慙尸素之多

俯念孤平尚有驅策之意自違天闕曾未期年亟升侍從之榮仍分旄鉞之寄鴻恩自至莫知其由此蓋伏遇　皇帝陛下天地兼容陶鈞獨運識馮唐於郎省但取一言眞汲黯於淮陽未忘舊物恩深不報期銘骨以終身才拙自知誓見危而一節銜命東往誠心內馳臣無任感　天荷　聖激切屏營之至謹奉表稱謝以聞

代陳汝義學士南京謝表

臣某言伏蒙　聖恩授臣南京留守知應天府事臣已於今月某日到任訖者越從散地擢領留都仰戴恩光惟知慚懼臣某誠惶中謝誠恐頓首頓首伏念臣早蒙器使屢試煩難任重多憂積衰成病

乞身閑冷但求安養於餘生絶意功名不復干求於當世豈謂

聖恩未棄見收桑榆枯木再生重沾雨露自聞此命莫知其由洎

獲見於　淸光復覲承於　聖訓盡出陶鈞之化曾微左右之容

昔漢宣起張敞於亡徒漢武用安國於梁獄古或有是今則無之

嚮非日月之照臨不遺隙穴之微陋則已廢之迹誰肯復收臣敢

不勉勵疲駑宣布政令雖天地之恩不報而犬馬之志長存臣無

任感　天荷　聖激切屏營之至謹奉表稱謝以聞

代南京留守謝減降德音表

臣某言今月十三日進奏院遞到中書劄子一道疎決見禁罪人

臣已即時施行訖者德澤之厚常首於京都原省之寬一禱於多辟感天至速協氣可期臣某誠惶誠恐頓首頓首伏以本京頃自秋末逮茲歲終愆陽爲災時雪不至麥田枯槁民氣底煩雖嘗祇奉詔音僉走羣望而精神未格應答不時衆皆嗷然仰而有待伏惟　皇帝陛下心存萬國知其艱難德配上天體厥覆露推臨軒決獄之意廣赦過宥罪之仁謂三都之人均在輦轂使千里之內同起頌聲民心旣孚天聽非遠臣幸攝守留鑰親被鴻休樂與都人共陶　聖化臣無任感　天荷　聖激切屏營之至謹奉表稱謝以聞

代張芻諫議南京謝表

臣某言伏以南陽重鎮久愧於無功留鑰之人復叨於寵寄祇奉綸綍初見吏民臣某誠惶誠恐頓首頓首伏惟　皇帝陛下選用列辟藩屏四方獨化陶冶之間不爲親疎之異乃眷别都之地實惟創業之邦控引大河遠通江海之利列置諸將金擁貔虎之師舟車四馳賔旅萃至歷觀近世多用重臣顧省庸虛豈宜忝冒伏念臣遭逢早歲流落中年不意斑白之秋置身侍從之列秉持旄鉞鎮撫方州負乘有致寇之憂老病非濟時之器向非荷天地生成之德被日月照臨之明孰爲先容保其弱植臣敢不瞻望京邑

推廣風教之餘勉强疲駑少致涓埃之報臣無任瞻　天望　聖

激切屏營之至謹奉表稱謝以聞

代張公安道乞致仕表三首

臣某言七十致仕國有舊章再三上聞情非虛飾臣某誠惶誠恐頓首頓首伏念臣早塵顯仕才本空疎晚依至道心存止足年方未及亟請閑官老既當休卽求謝事　陛下矜憐耆舊特屈典常許帶使名坐臨仙館臣眷戀德澤難於固辭勉强衰遲領此深眷空糜厚祿已復二年仰愧　朝廷俯慙朋友敢緣禮律之舊力正筋骸之餘蠢　陛下欲優容老成而臣之蒙賜已久臣將畏避滿

溢而　陛下之流澤愈多誠恐一朝溝壑之虞遂有終身負乘之恥逮此未耄得以自陳伏惟　皇帝陛下成物如天愛人以德君臣之際非獨以爵祿豢養爲恩進退之間固將以名節始終爲意臣得退伏閭里歌詠　聖時行葦無牛羊之憂蒲柳免風霜之患則私心自得　國體兼存區區悃誠實冀得請臣無任祈　天俟　命激切屏營之至謹奉表以聞

臣某言老而求退豈以爲名病而得閑本其至願飛章自乞誠意未孚特蒙賜書勉以就職臣某中謝誠惶誠恐頓首頓首臣聞引年去位事一君之舊章懷祿忘歸人臣之深戒自昔不得謝者在禮雖

或許之然皆廟堂注意之臣疆塲折衝之任邦家倚以爲重神人賴以爲安留之者既自有詞居之者誠亦無愧是以禮存權制人絕間言未聞退處閑官坐縻厚祿竊此異數晏然偷安伏念臣早事 三朝晩遭興運首被揀拔與聞幾微貪戀 聖明豈有窮已徒以寵祿盈滿懼速顛隮筋力衰罷理難勉强幸緣舊典敢固自陳伏惟 皇帝陛下量極乾坤德隆父母因至誠之勤請杜無名之誤恩念臣平生粗守廉隅恥於僥倖使臣今日得安分限即是恩私區區寸誠得請乃已臣無任祈 天俟 命激切屏營之至謹奉表以聞

臣某言誠發於中一言可信恩加望外再請未從顧惟衰朽之年久竊尊榮之寄雖蒙異眷敢以自安臣某誠惶誠恐頓首頓首臣中謝聞事君之禮少壯不敢不勉行已之義老病不可不歸壯而不勉則失忠老而不歸則忘恥今臣心力衰退手足支離謝事之期已逾三歲祈天之請蓋又累年況復同列之間此多得請而去獨臣言辭淺陋未足以回天勢力孤單中無與爲地苟遂磐桓顧寵俯仰懷慚志不克伸沒有遺恨伏惟　皇帝陛下至誠樂善多士克生元首股肱自足名世奔走先後未嘗乏人豈臣去留足爲輕重徒以遺簪可念遂忘朽樂之難堪老馬尚存不知驅馳之弗逮致

之顛躓之地恐非愛惜之宜故寵臣以尊名不若使臣得全廉恥之爲貴厚臣以重祿不若使臣得守分限之爲安凡厥保全之餘斯皆 聖明之賜力陳危懇倘冀必從臣無任祈 天俟命之至謹奉表以聞

代張公謝致仕表

臣某言引年辭位忘三請之頻煩念舊推恩兼異數之重複不替使名之重仍兼宮職之崇身喜歸休心慙誤寵國有成命禮不敢辭臣某誠惶誠恐頓首頓首伏念臣奮自諸生薦歷顯仕出入中外凡經四十餘年事業空疎未聞一二可紀量才無用早絕意於

功名聞道有年久甘心於閑退徒以夙事　累聖晩遇昌期雖復
已衰未忍亟去逮此筋骸之俱廢自知驅策之難堪瀝懇上聞輙
黷蒙聽皇明委照私欲無違復緣出震之初與聞馮几之命曲加
恩禮度越典常此葢伏遇　皇帝陛下義不忘勞仁先貴老待痪
馬以芻粟之厚聊盡其年均枯木以雨露之恩豈責之報使得優
游卒歲安樂延齡惠澤至深反側爲愧雖老身已有將遂志於山
林而物性自然終傾心於葵藿臣無任瞻　天望　聖激切屏營
之至謹奉表稱謝以聞

代歙州賀登極表

臣某言奉今月初六日赦書伏承　皇帝陛下天錫成命君臨萬
邦神人宅心中外相慶臣某誠歡誠抃頓首頓首臣聞人倫莫先
者父子神器不二者社稷付與一定衆庶自安我國家接統漢唐
配德虞夏世祚平泰古無擬倫　先皇帝總御綱權肇新法度廣
興百世之利聿追三代之隆大功甫成明命有屬此盖伏遇皇帝陛下仁
孝天授聖智日躋承　昭考作室之明賴　文母翼周之賜臨馭
玆始沛澤汪洋寵及庶寮恩肴多辟民田蠲租稅之重邊吏禁侵
攘之姦兆民允懷四夷永賴昔周成致刑措之盛漢昭知時務之
宜今古同符治功可待臣守土南服親被鴻恩踴躍歡呼倍越倫

等臣無任瞻　天望　聖激切屏營之至謹奉表稱賀以聞

代滕達道龍圖蘇州謝上表二首

臣某言近從鄰郡移領鄉邦舟楫之勞曾無幾日里閭之舊足慰平生臣某誠惶誠恐頓首頓首伏念臣家世寒微學術疎淺介特無援歷事　三朝繾綣愚忠粗守一節方　先帝臨御之始寔孳臣綜覈之秋揣直之心偶蒙委照幾微之議每輒與聞知無不言徒自竭於忠孝直故多怨遂寖結於憎嫌恩遇一移流落十載雖欲自安於散地然猶横被以惡名投畀遐方要令没齒竊意網羅之莫脫豈知天日之自明吳興之除　聖意可見幸疑謗之已釋

雖老死其何求敢冀優恩復遷善地此蓋伏遇　皇帝陛下孝思
天至聖德日躋憐孤迹之多艱傷舊物之久棄特推鴻造存養餘
齡臣老病相仍羈危多感勤卹民物敢忘委寄之深迎勞往還已
覺筋骸之憊葵藿之心徒切桑榆之報何時臣無任瞻　天望
聖激切屏營之至謹奉表稱謝以聞
臣某言地本鄉閭人情所樂物多魚稻衰病以安祇見吏民布宣
德澤臣某誠惶誠恐頓首頓首伏惟　太皇太后陛下坤儀正大
毋德仁慈照知四海之艱難洞鑒羣臣之情僞不遺疎遠均被優
恩臣早事　三朝謬知　先帝初睹變更之議每陳安靜之謀言

拙計踈怨多援寡始求補外本欲安身不圖寵幸之心未快憎嫌之素遂因疑事加以惡名流落十年必致死亡之地竄投三郡益加遠小之鄉賴聖神之至明察愚直之無過獨排衆謗移領吳興危迹再安孤根復植逮兹新命不覺涕零惟天地之鴻私顧草木之何報東南少事深慙素食之恩江海坐馳私有自憐之意臣無任瞻天望聖激切屏營之至謹奉表稱謝以聞

欒城集卷之四十七終

欒城集卷之四十八

宋眉山蘇轍子由著　明東吳王執禮子敬　顧天叙禮初全校

啓事二十二首

賀歐陽副樞啓

伏審近膺休命，遂總兵權。凡在下風，孰不自慶。以天下之辯士而議論兵革之要，以朝廷之元老而臨御猛悍之臣，士民所以歡欣，夷狄所以震懼。昔者漢之賈誼，談論俊美，止於諸侯相；而陳平之屬，實爲三公。唐之韓愈，詞氣磊落，終於京兆尹；而裴度之倫，實在相府夫陳平裴度未免謂之不文而韓愈賈生亦常悲於不遇蓋人之於世美惡必有所偏而天之於人賦予亦莫能備伏惟樞密侍郎天才奇特高出古人餘論温純和樂海内士人之所望以開慰學者世俗之所待以師保斯民果承寵榮入踐鈞軸手執予奪身爲安危施之事實則可以慘舒四方之人見之筆墨則可以照曜萬世之下夫富貴之士所少者文字而終莫能得貧賤之士所急者爵禄而亦不可求有能力取其一端皆以自足於當世而況位在樞府才爲文師兼古人之所未全盡天力之所難致文人之美夫復何加

北京謝韓丞相啓二首

頃邊軒闔尋至北門自領簿書復將期月魏都雄盛號稱河朔之上游職官卑微最爲府中之末吏事旣甚夥議皆得參顧惟淺庸何以堪處而况旱氣方退流民未還盜賊縱横犴獄塡委是健吏厲精竭力而不足之日非庸人偷安自便而能辨之時伏惟相公偉量絶人盛業蓋世樂育賢俊誤知鄙凡竊覬佐幕之司似若無責之地勉强以處則事皆可與因循而去則身實甚閑敢無自强少答知遇

近准中書劄子就差管句大名府路安撫總管司機宜文字者頃

塵制科已授商幕尋輒乞告以便養親貧窶無資還復求仕既來
魏府幸邇家庭曾未逾時就改此職邊鄙無事最爲閑官俸給稍
優尤便私計自非昭文相公陶冶庶類順養羣情曲矜鄙庸常見
存念則豈有進退之際皆從私心功效未聞旋移新局顧恩造之
甚厚思力報以未由區區之誠書不能旣

賀歐陽少師致仕啓

伏審累章得謝故邑榮歸位冠東宮寵兼舊職高風所振淸議愈
隆伏惟致政觀文少師道德在人學術蓋世早遊侍從蔚爲議論
之宗晚入　廟堂隱然衆庶之望屬　三朝之終始更萬變之勤

勞臨事而安莫測弛張之用釋位既久始知鎮靜之功仰成績之不刊信後來之難繼薦歷三鎮始終一心知無不言會中外而易意老而彌壯信賢達之過人衆皆以力事君公獨以道自任仕以其力者力衰而後去進以其道者道高則難留故七十致仕在禮則然而六一自名此志久矣築室清潁琴書足以忘憂遺名四方珪組蓋已外物誰歟治國能就問以質疑惟是門人尙不拒其來學轍以官守不獲躬詣門屏

迎陳述古舍人啓

伏審厭直玉堂分憂輔郡父老相慶吏屬竦觀伏惟知府舍人道

德精醇政術高妙東南舊治久振於士林臺閣遺風特高於朝右
魯侯爲國始自泮水何武按部首訪諸生不謂古人復見今日轍
承乏黌舍久聞德音樂與斯人共被餘澤

賀致政曾太傅啓

伏審得謝明廷進兼異數首被袞衣之錫仍因旄節之崇終始恩
榮中外慶慰伏惟致政太傅侍中舊德隆重元勳著明輔相三
朝純固一節良士在位不求旅力之功尙父雖衰猶荷鷹揚之託
西鄙無事中扆思賢纔陳止足之誠自求清靜之樂付青簡以遺
事追赤松而盡遊大節凜然四方仰止矧十載廟堂之舊多一時

八秩之賢年德最先命秩尤峻出同憂患措國步於安寧歸共優
游揖清風於長久轍夙荷知獎實倍歡欣

賀韓相州啓

伏審懇辭留務歸守鄉邦斂藏爲國之方勉就還家之樂進退有
裕卷舒適宜伏惟某官才大難名功成不處方　三朝之終始更
萬變之勤勞抗大節於羣疑擅元勲於不朽楚國已定葉公返其
舊封唐室多虞裴度久而在外遺功名於簡策樂民社於方州施
無不宜信處心之有道衆猶願治懷舊德以徒勞轍夙荷獎知實
倍歡慰限以官守阻詣門庭

謝韓許州啓

伏念轍爲性迂踈，居官簡惰，日虞彈劾，歸事耕桑。敢謂兼容，尚形論薦。恭惟安撫相公德度宏遠，謨猷老成，不居公相之隆，退就方州之寄。惟世俗之多務，豈棟梁之久閒？復用之期，曾無幾日。顧知之士，豈惟一人？曾何已棄之身，未改見知之舊。嗟駑馬之獨後，期枯株於再榮。爲力已艱，論恩則厚。黽勉寸祿，心已切於歸歟；愧負鴻私，終何爲而報此。

賀河陽文侍中啓

伏審力辭樞務，得請名邦。恩禮便蕃，中外慶慰。伏惟判府司徒侍中輔相三世始終一心器業崇深不言而四方自服道德高妙無爲而庶務以成此　朝廷所以遲遲於均佚之書而士民所以睠睠於保釐之命顧惟出處之義實繫功名之終留侯志於赤松晉公安於緑野油然自得夫豈不懷矧惟三城密邇全洛政獨止於民社樂有助於林泉道大難名信後來之莫繼民猶思治恐久安之未遑

謝文公啓

伏念轍迂疎已甚廢棄爲宜偶來宛丘遂復三歲留連寸禄久已愧於古人顧視當塗義無求於今日方將圖宦遊於南土即暇豫

於鴿原自屏遠方少安愚分比者伏遇某官厭倦樞政偃息藩州忘陋質之無堪恃舊知而增氣尺書自達方懷冒進之憂奏牘上聞遽辱見收之請庠齋閒暇既深便於冗材德宇崇深固足安於一介仰慚伯樂之顧自知駑馬之姿雖取信之無疑猶恐難於必售其爲感激難既敷陳

賀張宣徽知青州啓

伏審入覲帝廷榮加使秩遂解南籥作鎮東藩新命既傳衆情胥悅伏惟某官宇量冠古德業在人直道而行神聽靖共之德不改其度人知賢達之風師保斯民望之已久進登異數禮亦爲宜雖

分職於遐方實均榮於二府老成猶用人有望於安寧旌旆來東迹稍安於狐拙轍官守有限慶謁未遑瞻望傾依衷誠踴躍

謝改著作佐郎啓

今月某日蒙　恩改前件官者迂拙之人廢棄已久偶歲成之及格蒙叙法之推恩忝冒既深榮幸兼至伏以方今聖人在上多士盈廷挾策讀書皆道德宏深之士涖官從政饒才術縱橫之人珪璧煒煌顧瓦礫而安用松筠挺拔嗟蕭艾之徒生固天地付予之特殊宜　朝廷進退之亦異朝遊山林之下羣鳥獸之喧卑春登霄漢之途接鸞皇之翔厲是以羣材並鶩百度咸熙顧視駑駘伏

鹽車而已幸旁睨樸樕鋑樵爨以何詞嘗謂庸虛亦蒙遷補伏念
轍才性鄙拙學問空踈早歲猖狂誤塵科舉蹉跎二紀見者與嗟
奔走四方泰然自得老馬無求於再駕死灰豈意於復然無負郭
之桑麻願歸耕而未果効乘田之畜牧苟竊祿以偷安實無望於
榮華顧常憂於罪戾寵至逾分誠不自知此蓋伏遇某官一府左
右明時陶鈞庶物春陽旣至草木皆生有不次之擧以待賢才有
銓綜之常以御羣吏使賢者無久留之嘆不肖者有寸進之緣雖
三代用人之明何以過此故一介受恩之賤罔不知歸感戴徒深
敷陳罔旣

謝張公安道啓

伏以少年遊學方成都樂職之秋壯歲効官復淮陽卧治之日矧留都之清淨眷幕府之優閒再辱辟書重收孤迹哀憐廢棄之久誰復肯然綢繆罇俎之歡亦非偶爾伏惟留守宣徽太尉才高一世望重累朝體河岳之兼容納涓埃而不間衣食有奉已寬盡室之憂道德照人況復終身之幸其爲慰喜難盡敷陳

賀孫樞密啓

伏審王畿報政兵府登賢中外同歡士夫相慶伏惟樞密諫議才業兼劭忠厚有餘早試煩難識民間之情僞晚依潛躍相龍德之

光亨出當干城入贊心膂溫然不伐德望逾隆卓爾自將風節彌壯固上心之久簡且人望之攸歸方今武備載張邊防未弛導迎善意猶有望於仁人保養遺氓終愈光於令聞輙早遊門下實倍歡情趨謁未由瞻依徒切

謝黃察院啓

伏審不棄空踈過形論薦廢退已久慙懼靡遑誠以進無干世之才出爲苟祿之仕强顏未去幞被以須方河堤潰決之餘當流民紛委之地皇華在隰務咨度以求賢鴻鴈于飛待劬勞而安宅是宜舉黜陟精之能吏奔走於當時老鈍之資樸樕何取豈謂採聽之

誤曲加奬飾之榮此蓋伏遇某官德在兼容仁存久棄有霜臺嚴肅之威而不用有繡衣擊斷之勢而不施旣示含容復蒙甄録然以東州之廣才士如林輒先鼎人豈勝厚愧感佩之切敷染奚殫

賀趙少保啓

伏審得謝明廷榮歸故里　參　東宮之羽翼增南國之光華縉紳竦觀貪懦知愧伏惟致政少保德侔金玉節貫冰霜早入諫垣渠乎蹇諤之足畏晚陪國論温然忠厚之可依逮此分憂所至稱治因俗爲政無寬猛之常與民息肩有清静之化士夫倚以爲重邦家仰以爲安而止足之心早已自許再三之請久而後從退居水

石之鄉自放簪裳之外優遊空寂有以知萬物之輕呼吸淸華有以期百年之壽激揚頹俗師表後生卓然先覺之風坐致不言之益某因緣末契誤辱見知舊德不留雖同海內之公怨高節愈劭私喜哲人之克終欣慰之多敷染難盡

賀文太師致仕啓

伏審得謝中朝歸老西洛位極師保望隆古今止足之風中外所嘆伏惟致政太師躬夔皐之偉業兼方召之壯猷翼亮 三朝始終一節百辟共傳於遺事四夷想聞於風聲民恃以安士思爲用尚父雖老而鷹揚未衰猛虎在山而藜藿不採况復坐而論道本

無黃髮之嫌出以濟時何負赤松之約而能去如脫屣名重太山近世以來一人而已方將翱翔嵩少之下泝回伊洛之間身寄白雲堂開綠野釋鼎鍾之重負收竹帛之餘光雖使圖之丹青奉以尸祝衆之所願誰復間然某蚤以空疏誤辱知獎嘗欲借潤於河海庶幾自効於錙銖而蹇拙多艱漂流歷歲誓將歸掃墳墓絕意功名罪籍得除或成過洛之幸舊恩未棄尚許登門之遊一聽話言永畢微願猶能作爲歌頌傳示無窮俯慰平生仰答恩遇瞻望台屏不勝區區

謝兩發運啓

竊以廢棄餘生黽俛祿仕偶依按治之末苟全疏拙之資敢謂并容過形論薦輒少年喜事誠有意於功名中歲早衰願投迹於林莽徒以黨逐未久不敢言歸耕稼無資未能捨祿馬病伏櫪實畏馳走之勞木落歸根久忘發生之念伏承某官德業深厚名冠士夫委寄優隆地連湖海思與人明主廣育材能遍求屬官不棄憔悴百里之政曾比毫髮之輕一言之容遂致鼎鍾之重然方今聖治初啓羣賢彙征敢以衰朽之餘輒塵英乂之列感激雖至慚懼寔深

賀范端明啓

伏以仁厚之深老有餘福退閑雖久坐致優恩中外相傳歡欣一
意伏惟致政端明丈丈鄉邦舊德翰苑老成蚤擅價於文章晚收
功於忠義謀安社稷之重言發卿士之先事成恥於自陳功大難
於久揜既及身而顯曜亦延世以褒嘉信天道之不誣而陰德之
必報某早承眷與喜倍等倫不獲躬詣門屏

除中書舍人謝執政啓

近蒙　聖恩除前件官仍攺賜章服者謫宦江湖歲月已久置身
臺省志氣未安纔登翰墨之場勉出絲綸之語辭而不獲處之益
驚凡物之生小大異稱惟人所處閑劇有宜狙猿無事於冠裳爰

居不樂於鐘鼓操之則慄舍之則安是以造物者聽其自然而用人者貴於因任然後才得其適性無所傷轍少而讀書中頗喜事旣挾策以干世誠妄意於濟時奏牘之多旣比狂於方朔流蕩之切亦效直於賈生比困幽憂始聞大道汎若虛舟之獨往寂如死灰之不然久於索居遂以無用以謂良冶之砥石不能發無双之金大匠之斧斤不能器不才之木自放而已蓋將終焉豈意大明之繼升廣收諸賢以自助驥騄之乘而罷駑與焉楩枏之林而樗櫟在是橫蒙見録漫不自知此蓋伏遇某官道大難名才高不器深念格天之業本由得士之功致二老於幽遐罄九官之汲引下

追徽陋或蒙甄收曾是放棄之餘輒參侍從之列朝衣肉食雖懷歸而未由濡足纓冠顧所居之當爾冀斯民之大定幸四國之無虞祿祿何功猶或一書於竹帛堂堂偉績尚能悉載於聲詩過此以往還未知所措

除尚書右丞諸公免書

伏蒙 聖恩除轍中大夫守尚書右丞者恩出非常心知逾分雖懇辭之未獲要得請以為安竊以政事之臣國勢所係得其人則四方斯訓非所用則百辟何觀顧可私於一人致坐失於大體轍家世寒陋資稟冥頑早歲讀書徒以文翰自喜莫年臨事動由迂

闊見識既自知之不疑矧衆言之何賴方虞洊斥遽爾超升況今
二聖天臨羣公彙進五臣翊舜自格無爲之功一德承湯已膺
克享之報豈容不肖或與其間伏望某官因進見之餘言達外廷
之公論進賢退否既鈞軸之當爲置散投閑抑空踈之常分苟無
濫溢之懼盡出陶鎔之私

除左丞謝宰執啓
謝啓

誤蒙　詔恩選備臺轄小才知愧空傴僂以循墻成命莫回嗟負
乘而致寇竊以　先皇昔開於官制兩丞特異於唐餘上參萬務
之幾下不締六聯之劇既用人之不次宜得士之非常如轍某者家世甚

文宇志氣方銳以多爲贖塗傳世俗謗見推許近歲以求遺羅思
伏承不察空疏辱示書教稱道過實轉懼交至其自小少讀書作

代于騰答周郎中啓

代八啓事八首

啓坐致空疏謬蒙顧拔甚爲感幸雖盡言旨
功一意　未明樂有俊良之助精新不嫌其居上嶠不亞僑之先
明榮此豈伏遇其官至德在人清議限世推轂多士雅聞成就之
林清要交盛譽然當府密嚴中悉言無幾乃乞閑而自便遽躡等以
業資望光薄雖學存於古而言輒謂迂志切於時而舉不知務柰

雖舊學衰落加以當世文士述作至多每一開編終日驚嘆故自近日深自斂退未嘗有所爲文方欲收拾舊書而已傳布四方不可復撿豈謂賢達尙復以此見稱每讀來書秖增愧汗所示古今詩二卷詞藻旣贍格律又高誦詠再三浩不可測辱賜之厚未知所報

代張公安道答呂陶屯田啓

伏審决策　大廷程文優等聲華籍甚慶慰良深某官學問該通業履淳固恥浮言之希世依直道以干時進不失榮退無所負惟是六科之建始於兩漢之隆衆所共趨久而成俗盛極則反固唯

物理之常然忠告未衰猶有設科之本意苟遺風之可挹曾外物之何加勿用猥并本無求於執事不忘蕞蓑終有獲於豐年比者過示長牋曲形厚意其爲感悅難盡敷陳

代陳述古舍人謝兩府啓

八座近侍愧於無能出補外官適其素願始布條詔親見吏民秋夏豐登人懷富足之樂風俗淳厚庭無爭訟之讙曾何施爲遂底清淨某老大無取介特自將平昔之學嘗志於治民仕宦之勞毎深於陟屺願之久矣乃今得之此蓋伏遇某官道德崇深器業宏遠銓綜羣吏不知中外之殊鎮撫多方常先陪輔之重舉此善地

寄之鄙人私欲不違知陶鈞之有自官守無事況迂拙之所宜感激之誠敷陳罔旣

又代謝兩制啓

蹇拙之資久塵於侍從　恩寵之誤猶寄於藩維祗服休光已臨所部某歷職無補每以爲慚揣已甚明固嘗自乞荷　聖恩之未棄付近郡以偷安太昊之墟風俗猶厚長淮以北魚稻稍豐親養無違私計自得會何鄙薄獲此便安此蓋伏遇某官學術精深才猷駿楚眷獎方厚議論持平頃與同朝固服膺之有素獲守善地滋荷德之不忘視事云初馳誠罔旣

代張聖民修撰謝二府啓

待罪海壖方虞於曠敗分憂畿外尤荷於陶鈞祇見吏民布宣條詔累歲豐稔圄無罷人積雨開明租有秋稼方郡邑之無事顧庸懦以何爲某早從宦遊舊怳圖史旋承之於劇職勉從事者歷年心迷簿領之煩力殫錢穀之計逮茲出守之地復修舊學之餘政事稍閑初心自得會何幸會獲此便安此蓋伏遇某官道德濟時宏量包世燮和中外恥一物之未寧容養賢愚思羣材之各遂顧鄙儒之無狀竊近輔以偷安雖荷德之深無忘於瞻仰而營職之外何補於涓埃慚懼之誠敷述難旣

代齊州李諫議問候文侍中啓

伏審卧鎮別京臨制北鄙政務休簡兵民乂安恭惟某官德邁古人望隆當世陶冶多士盡布公卿之間輔翼　累朝陟配　皇王之化卷懷事業偃息方州風俗未澄非老成而莫定邊鄙尚竦須重德以謀安衆口所期天心將應即日冬候凝冽鈞履康寧某迫此莫年尚玷鄉郡道路不遠德化所覃瞻仰徒深伏謁無路敢祈保衛以慰傾依

代李諫議賀郭宣徽知并州啓

伏審謀帥廟堂授鉞方面風聲所被邊鄙自安伏惟某官學本詩

書思含韜略入參樞近出總戎行謀慮宏深隱若長城之固動用安靜不求一日之功勳名既隆釁故隨至進退有稱望實兼隆令尹三登曾喜色之莫見類陽復起信前計之可從方今卒乘久安盟好猶在用人既得知廟勝之有成俾國咸休顧公策之安出某老拙無用退守鄉邦側聆休嘉以慰瞻望

代李諫議謝二府啓

某爲性甚愚篤於自信與人無忌拙於周旋頃者得過監司造爲浮謗浼塵上聽紛然罪戾之多傳播四方重爲衰老之愧飛章自理爲計已踈雖循省之無瑕顧吹求之已審恃照臨於皎日信俯

仰於平衡不誒辯明坐獲昭洗枯根再生於時雨敗舟獲濟於驚瀾名節既全死生爲幸此蓋伏遇某官持大鈞而播物奮至鑒以臨人定姸醜於須臾無施巧僞憐衰罷之易毀曲爲保全德厚恩隆感深涕隕其老病既久思求歸而未能荷戴雖多恐圖報之無日激切之至敷述奚殫

欒城集卷之四十八終